指向学生
自主建构的科学教学

蒋建峰 著

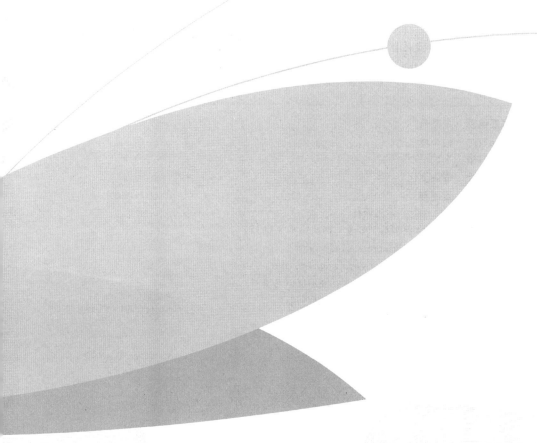

浙江工商大学出版社
ZHEJIANG GONGSHANG UNIVERSITY PRESS

·杭州·

图书在版编目（CIP）数据

指向学生自主建构的科学教学 / 蒋建峰著. — 杭州：

浙江工商大学出版社，2023.6

ISBN 978-7-5178-5429-6

Ⅰ.①指… Ⅱ.①蒋… Ⅲ.①科学知识—教学设计—

初中 Ⅳ.①G633.72

中国国家版本馆 CIP 数据核字（2023）第 059201 号

指向学生自主建构的科学教学

ZHIXIANG XUESHENG ZIZHU JIANGOU DE KEXUE JIAOXUE

蒋建峰 著

责任编辑	张晶晶
责任校对	何小玲
特约编辑	李大军
封面设计	尚俊文化
责任印制	包建辉
出版发行	浙江工商大学出版社
	（杭州市教工路 198 号 邮政编码 310012）
	（E-mail：zjgsupress@163.com）
	（网址：http://www.zjgsupress.com）
	电话：0571-88904980,88831806（传真）
排 版	杭州尚俊文化艺术策划有限公司
印 刷	杭州丰源印刷有限公司
开 本	710 mm×1000 mm 1/16
印 张	13.25
字 数	221 千
版 印 次	2023 年 6 月第 1 版 2023 年 6 月第 1 次印刷
书 号	ISBN 978-7-5178-5429-6
定 价	78.00 元

前 言

　　对于很多一线教师尤其是部分老教师而言，此起彼伏、眼花缭乱的各式教学改革让他们顾此失彼、心力交瘁，而经历轰轰烈烈之后却效果寥寥，于是很多教师干脆人前谈改革，背后却依旧开展应试教育，背知识、刷题目，教辅资料一套接着一套，同一题目一遍接着一遍，最后通过阶段性检测往往还能获得一个不错的数据评价。

　　那么，是否真的是这些教育改革多此一举？是否真的是传统应试教育最有效？

　　应该说，包括应试教育在内的传统教学对于学生的双基训练效果显著，也能让学生在日常的单元检测、期中期末检测等短期的阶段性评价中取得不错的成绩，但培养学生创新等高阶思维能力时的乏力感也是显而易见的。那么，从导学案到小组合作，从三维目标到核心素养，从任务驱动到问题解决，从融入科学史的HPS教学到项目化学习，从一科多模教学到大概念单元教学……面对如此众多的教学改革主题，如何避免广大一线教师无所适从、疲于奔命，到头来只落得一个虎头蛇尾的局面？其实，作为一线教师，要想避免被各种各样教学改革的表象所迷惑，只需要牢牢抓住一个魂——让学生在学习过程中多些思考，用理解替代记忆、模仿。

　　"思考"一词在《现代汉语词典》中的解释为：进行比较深刻、周到的思维活动。其关键是深刻、周到，具体到科学教学，要求学生在学习过程中能进行分析、综合、评价、创新等高阶思维活动，而非记忆、模仿、复述等低阶思维活动。回顾传统教学，很多一线教师习惯于这样的模式：教师讲学生听、教师演示学生模仿、教师介绍学生记录、教师讲解学生操练。无论是知识方法抑或是问题解决，其本质都是学生记忆：记知识点、记解题步骤、记问题解决方法，一遍不成来两遍，过两天忘了，教师再讲一遍整个解题步骤，学生依样再记一遍，反反复复直到记住为止。诚然，这样的传统模式也能使学生记住、会用，但好多学生只能用该知识点处理已有问题，而非创造性解决全新问题，这也是为什么很多学生单元检测、期中期末检测评价结果较好，中考成绩却大幅滑坡。因为，中考卷作为中学阶段非常重要的选拔卷，有很多问题都是全新的，检测的是学生基于理解的综合能力。学生依靠反复刷题所形成的记忆无法解决全新的问题，所学知识技能多、杂，也加剧了遗忘，进一步影响中考成绩的取得。

那么，如何促进学生在科学学习过程中多思考，进而实现理解科学知识、内化科学方法的目标，而非一遍又一遍地记忆？首先，教师在课堂教学细节上要避免直接告知式的讲授、演示、文字介绍等，应取而代之以问题、任务、要求等形式提出学习方向，让学生通过实验、观察、分析、归纳等科学方法自主建构。这样一来，学生不仅能获得知识，也能在学习实践中体验获得知识的过程，熟练获得知识的方法。在此基础上，将知识、方法应用于具体问题解决，在实践中梳理一套科学的问题分析、问题解决思路，以最少精力培养学生的科学思维。而导学案、小组合作、任务驱动、融入科学史的HPS教学、项目化学习……这些都只是为设计让学生开展思考的教学活动指明方向，是教学活动的一种表现形式而非目的。

本书是作者多年一线教学经验和思考的汇总，由作者多年的教学研究、课堂教学案例等汇编而成，相信定能给广大科学教师以一定的启发。

目　录

第一辑　教研成果

第二辑　教学设计

第一辑

教研成果

指向核心素养的初中科学模型教学实践研究

【摘要】 科学模型是科学研究的重要工具和对象，是发展学生科学思维的重要载体，模型教学是科学教学中的重要方法。本文根据与教学活动相适应的模型形式，将模型分为具体实物模型、抽象图像模型、过程演示模型、关系图表模型、数学公式模型五类，并在此基础上结合实践介绍模型教学的一些策略。

【关键词】 初中科学；核心素养；模型教学

一、模型教学的目的与宗旨

（一）模型教学的出发点：促进学生科学思维的培养和发展

高中理化生学科虽对各自学科核心素养表述各异，但核心基本相同——科学观念、科学思维、科学探究、科学态度和责任。观念是载体，探究是方式，思维是重点，态度和责任是内化。模型的建构、分析、应用过程能促进学生全面认识自然现象，形成科学观念，培养和发展科学思维的路径方向意识，提升解决实际问题的能力和品质。

（二）模型教学基本原则：显化主要矛盾、类化模型方法、应用完善并行

（1）模型是对具体现象和事物抽象化的简单描述，无论在建构、分析、应用时都应突出其主要特征，将问题的主要矛盾显化突出。

（2）模型方法就是在抓住主要矛盾、忽略次要矛盾的哲学思想下，灵活应用类比、抽象、归纳、臻美等科学方法解决问题，模型教学应根据模型特征采用适当的方法。

（3）模型有其适用的条件，用模型认识事物的同时，也是用实际现象检验模型；出现模型无法解释的现象时，则需要考虑对模型的完善改进。

（三）模型教学教师定位：实现教师从"模型解释者"向"模型建构引导者"转变

模型是学生认识客观事物的载体，是分析问题、解决问题的手段。模型教学中，教师要更多地创设情境、任务，引导学生在分析现象中自主建构模型，通过模型深入认识事物，并解决实际问题，而绝非模型的应用解释。

二、模型教学研究设计

（一）模型教学概念界定

1.模型

模型是为了更好地研究问题、探究问题背后的本质，抓住复杂现象和过程的关键特征，抽象、简化地描述或模拟研究对象和过程。模型的形式有实物、图、表、计算机图像或对复杂对象过程的示意等，但核心都是对关键特征的高度抽象。

2.模型教学

模型教学是指教师通过采用各种手段，积极引导学生采用适当的科学方法，通过模型的建构研究各种自然现象，寻找他们产生、发展的原因和规律，并借助对模型的分析，解释和预测各种事物、现象及其变化。在模型教学中，模型既是学生认识事物的手段，又是学生实验研究和思维分析的认识对象。

（二）模型教学研究框架

模型教学的研究框架，如图1所示。

图1　模型教学研究框架图

三、模型教学的实践与效果

本文根据与教学活动相适应的模型形式，将模型分为以下五类，如表1所示。

表1　模型教学分类表

模型分类	具体实物模型	抽象图像模型	过程演示模型	关系图表模型	数学公式模型
模型分类界定	根据研究对象的主要特征，用合适的具体实物呈现研究对象。	根据研究对象的主要特征，用图像描述。	通过多幅图像或对实物的操作呈现一个变化的过程。	用柱状图、饼状图、坐标图或表格等形式呈现数量之间的关系。	用数学公式准确呈现相关物理量之间的关系。
模型特征	静态、立体、直观、各内部结构间关系清晰。	静态、形象，能反映看不见的特征、关系或现象背后的原因。	动态呈现对象变化的整个过程或整个过程中的某几个瞬间的情景。	直观，便于找到相互之间的关系。	抽象、精练、准确、适用范围广。
实例	生物结构模型（消化系统、骨骼、花、耳、脑、细胞结构），物体构造模型（经纬网地球仪、鸡蛋模拟地球内部构造、分子模型、原子结构模型、等高线地形模型、大豆芝麻分子间隙模型），实物缩放模型（潜水艇模型、机翼模型）……	相互关系图模型（受力分析图、溶液构成图），杠杆模型，物质构成模型，理想模型（平面镜、凸透镜、光滑水平面、通电直导线、轻质滑轮），光线、磁感线，电路图……	物质变化模型（水蒸发、水电解、聚变等），动态变化关系图（胰岛素对血糖调节图）、细胞分裂模型、近视远视矫正模型、匀速直线运动，原理演示模型（呼吸时膈肌升降模型、板块碰撞模型、月相日食月食、帆船远去模型、直流电动机模型、星系远去模型）……	扇形图（脊椎动物占比、水分布、空气成分组成），坐标图（酸碱性的pH值、年气温和降水量分布图、人口金字塔等），框架图（各章"本章知识结构图"、二歧分类检索图），表格（晶体熔点表、水在不同气压下的沸点表、常见物质溶解度表）……	定律性公式（阿基米德定律、焦耳定律、欧姆定律、串并联电路电流电压关系、杠杆平衡条件、导体电阻影响因素、液体压强关系），定义性公式（密度公式、速度公式、压强公式、做功公式、功率公式等），定理性公式（$P=F \cdot v$）……

（一）具体实物模型

1.具体实物模型的建构：任务作引导 动手来制作

科学研究中，有些物体往往因为太大、太小、太远或者内部被遮挡等原因造成无法直接在对象本身上开展研究，于是在教学中需要用具体的实物为载体建构模型，以便更高效地认识事物。

【案例】《科学》（浙江教育出版社，下同）七年级上册第三章第2节《地球仪和地图》中用乒乓球自制地球仪。（图2）

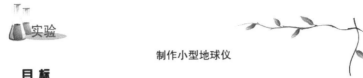

制作小型地球仪

目标

1. 学会运用各种工具和材料，按照合理的制作流程完成小型地球仪的制作。
2. 通过制作小型地球仪，了解地轴的倾斜角度、经纬线特点和经纬度划分。

器材

乒乓球（或小皮球等其他小球）、粗铁丝（硬导线）、剪刀、量角器等。

过程

1. 确定两极和赤道。可以用乒乓球的黏合线作为赤道，离黏合线等距顶端处各钻一个小孔，确定为南、北极点，如图3-12A。
2. 画经纬线。在乒乓球上等距离画出若干条经线、赤道、南北回归线、南北极圈等纬线。
3. 做地轴。如图3-12B，把一根粗铁丝折一下，使铁丝倾斜并与水平面成66.5°。把另一段铁丝做成一个圆环，作为地球仪的底座，稳定地放置在桌面上。
4. 组合固定。将其中代表地轴的直铁丝部分穿透乒乓球的南、北极点，并将顶头弯曲，以防乒乓球脱离。取另一根铁丝，弯成半圆形并接在乒乓球两端的地轴上。这样就完成了小型地球仪的制作，如图3-12C。
5. 在自己制作的小型地球仪上画上七大洲的轮廓。

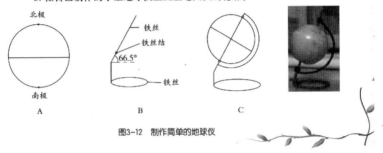

图3-12　制作简单的地球仪

图2　七年级上册第三章第2节《地球仪和地图》实验

【教学设计】

> 任务：
>
> ①自学教材第86—87页，按要求自制地球仪；
>
> ②准备好在课堂上展示地球仪并介绍以下制作细节的由来。
>
> 地球仪中的两极怎么确定？地球的两极又是怎样确定？
>
> 经线怎么画？经度怎么定？
>
> 纬线怎么画？纬度怎么定？
>
> 地球仪为什么要呈66.5°斜着支撑？
>
> 如果让你划分东西半球，你怎么划分？你的划分方式和科学家们的划分方式相同吗？
>
> 对照家里原有的地球仪，说说科学家们对东西半球的划分方式有什么优势。

【设计意图】 将经纬网、东西半球等知识应用性作业——自制地球仪调整为课前任务，以任务为导向，促进学生自主学习科学知识，并通过建构具体实物模型呈现学习结果。课堂的重点在于评价学习结果，分析交流学习过程，最大限度促进学生科学思维的发展。

【效果分析】 学生通过主动检索教材等，概括相关知识点，积极分析经线、纬线、经度、纬度等知识的意义，并将知识在文字表达和图像符号间进行转换，实现对知识的深度理解。同时将对比、分析、概括等科学方法应用在具体实物模型的建构过程中。

2.具体实物模型的应用：发掘身边物 巧妙做模型

具体实物模型表意直观清晰，却受制于场地等原因往往不可得，为此，应充分发掘头、手等身体部位，或笔、橡皮、纸等身边物体，巧妙建构模型。

【案例】 以《科学》七年级上册第三章第2节《地球仪和地图》中习题为例。

某地往南是中纬度，往北是高纬度，往东是东半球，往西是西半球，该地位于（　　　）。

A.（23.5° S, 160° W）　　　　　B.（30° N, 160° E）

C.（60° N, 20° W）　　　　　D.（60° S, 20° W）

【教学设计】　以握成近似球形的手作为地球模型，重点呈现0°经线、180°经线、西经20°、东经160°四根经线的关系。（图3）

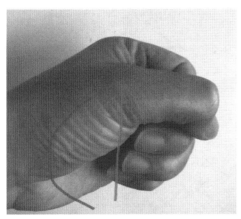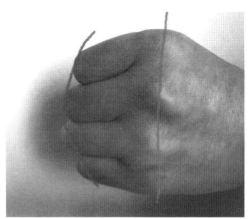

西经20°　0°经线　　　　　　东经160°　180°经线

图3　用手呈现经线关系

【设计意图】　用身边简单易得的物体（身体部位）作为模型，借模型分析题目意图，避免在脑子里凭空想象。

【效果分析】　用随身物品或身体某部分作为模型，可避免单纯空想，有利于从多个方面分析问题、解决问题。类似的事物模型还有：膨胀的刻度尺测量（用衣服下摆做模型）、月相（用黑板—手—头作为日、地、月位置关系模型，两只握成半球形的手合在一起模拟被照亮一半的月球，头和眼模拟地球和人，黑板模拟太阳）……

（二）抽象图像模型

1.抽象图像模型的建构：从原型到模型 从模型到新型

抽象图像模型用图像代替实物来建构模型，不仅不受场合、实物性质等限制，更能建构磁场等不可见对象的模型和光滑平面等理想模型，但也因更抽象、更隐蔽，需要从原型表现的现象中用科学探究方式建构模型。

【案例】　七年级上册第四章第1节《物质的构成》。（图4）

第1节 物质的构成

在我们周围的世界里，有着各种各样的物质，如水、岩石、空气、金属、塑料，等等。所有这些物质都是由什么构成的呢？

物质由分子构成

你见过沙雕作品吗？在沙雕节上，不同的沙雕作品造型各异，千姿百态，但所有作品都是由大量细小的沙粒构成的。大千世界中的各种物质，是否也是由大量微小的粒子构成的呢？

图4-1 沙雕

活动

1. 用放大镜观察一块方形蔗糖，我们可以看到 _____
2. 将方形蔗糖碾碎后，再用放大镜观察，我们可以看到 _____
3. 将碾碎后的蔗糖放入水中，用放大镜观察蔗糖的粉末 _____

图4-2 观察蔗糖

我们用放大镜看到的方形蔗糖似乎是由大量细小的颗粒构成的，但这些细小的颗粒远不是构成蔗糖的最小颗粒。蔗糖溶解在水中后，我们再也看不见那些蔗糖小颗粒，这时蔗糖是以一种更小的微粒存在于水中。这种构成蔗糖的微粒称为蔗糖分子。蔗糖由大量蔗糖分子构成的，与蔗糖一样，水、空气等物质也都是由大量分子构成的。

分子（molecule）是构成物质的一种极其微小的粒子。据估算，一滴水中含有的水分子数大约是1000000000000000000000（共有21个零）。这些分子如果让人去数，每秒钟数1个，大约需要30万亿年。如果把水分子放到乒乓球那么大，那么按相同的比例放大，乒乓球将有地球那么大。分子不但肉眼和放大镜看不见，即使使用光学显微镜也看不到。只有用现代较先进的扫描隧道显微镜，才能看到一些较大的物质分子。图4-3是我国科学家用扫描隧道显微镜拍到的一组整齐排列的C60分子的图像。

以前的学习使我们知道，有些物质是由原子等其它微粒构成的。

图4-3 扫描隧道显微镜下看到的大八百万倍的分子

分子之间存在空隙

构成物质的众多分子是紧密无间地挤在一起，还是彼此间存在一定的空隙呢？

活动

1. 往一端封闭的细径玻璃管内注入一半的清水，再沿内管壁慢慢注入酒精，使酒精上液面距管口约5厘米，标出酒精上液面的位置。
2. 用手指封住管口，将玻璃管反复颠倒几次，使酒精和水充分混合。此时混合液的液面将 _____ 原先所标的液面位置。

图4-4 酒精和水的混合

实验表明：水和酒精混合后的总体积小于水和酒精的体积之和。为了进一步理解以上实验的结果，我们做一个模拟实验。

活动

1. 在量筒中先倒入黄豆，再倒入芝麻。记下黄豆和芝麻的总体积：_____毫升。
2. 将量筒反复摇晃几次，使黄豆和芝麻混合。可以看到，混合后的总体积将 _____ 混合前的总体积。

图4-5 芝麻和黄豆混合

构成物质的分子之间存在着空隙。当水和酒精混合时，水分子和酒精分子彼此进入对方分子的空隙中，所以总体积会减小。

思考和讨论

请用事实证据说明是构成固体和液体的分子之间的空隙大，还是构成气体的分子之间的空隙大。

分子处于不停的运动之中

构成物质的分子是静止不动地固定在确定的位置上，还是处于不停的运动之中？

活动

1. 如图4-6，老师在讲台上压一下香水瓶的喷嘴，当你闻到香水味时，请与上举手示意。
2. 如图4-7，两只分别装有空气和二氧化氮气体的玻璃瓶瓶口相对，中间用玻璃板隔开。抽去玻璃板，使两瓶口相互贴紧，将会看到 _____

图4-6 喷香水实验

图4-7 气体扩散实验

空气 玻璃板 二氧化氮

上述实验反映的是气体扩散的现象。进一步的实验表明，气体扩散的快慢与温度密切相关，温度越高，气体扩散得越快。

活动

两只烧杯中分别装入热水和冷水，按图4-8所示的方式用注射器慢慢地将红墨水注入两杯水的底部。一段时间后，将会看到什么现象？两杯水中发生的现象有什么不同？

图4-8 液体扩散实验

上述实验反映的是液体扩散的现象。实验结果表明，液体扩散的快慢也与温度有关，温度越高，液体扩散也越快。

扩散现象还能在固体与液体之间以及固体与固体之间发生。有人曾经把磨得很光的铅片和金片紧压在一起，在室温下放置5年，发现它们结合在一起了。再将它们切开，可以看到金分子和铅分子互相渗入了约1毫米深。电子元件晶体管在制造时就用到了固体扩散的原理。

扩散现象表明构成物质的分子都在不停地做无规则运动。温度越高，分子无规则运动越剧烈。由于分子的无规则运动跟温度有关，所以，我们把分子不停息的无规则运动叫做热运动（thermal motion）。

图4-9 晶体管

思考和讨论

热菜总是香味四溢，但冷菜却只有靠得很近时才能闻到它的气味。为什么？

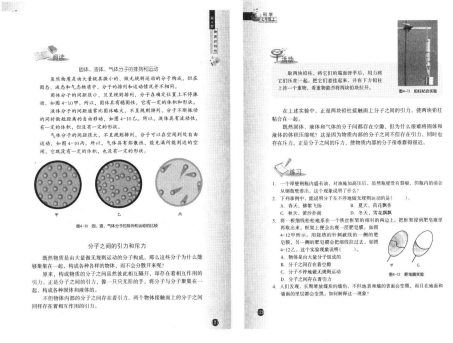

图4　七年级上册第四章第1节《物质的构成》内容一览

【教学设计】

①任务一：

比一比，看哪个组能用提供的器材，展示构成方糖的最小颗粒，并用一两句话介绍操作步骤。

②任务二：

发挥想象，画出自己心里水的分子结构。

③分析可能的大豆、芝麻模型并设计实验，验证分子之间是否有空隙。

④应用分析：

请利用刚建构的模型，解释以下两种现象：

A.油脂凝固后上表面的凹陷。B.水烧开时，锅盖被顶起。

⑤思考：

利用上述建构的模型能解释物质扩散现象吗？如不能，你觉得扩散现象说明分子还有什么特点？（即刚才建构的模型还要再作哪些补充？）

⑥应用分析：

请用进一步完善后的物质构成模型，解释蔗糖溶于水的现象。

【设计意图】 本课时设计充分体现证据推理的理念，将对物质构成的认识，通过抽象图像模型建构和展开应用，用现象猜想物质构成模型，用模型分析解释现象，在模型应用中完善模型，实现"原型→模型→新型"的认知方式。

【效果分析】 这种基于现象的抽象模型建构过程，激发学生积极主动参与实验、猜想、验证、反思等各个环节，自然而然地运用部分科学探究环节提升处理实际问题的能力、发展学生科学思维，并让学生在主动的科学探究中体验科学的魅力，树立科学思想。

2.抽象图像模型的应用：确定研究对象　遵循研究方法

抽象图像模型常常是分析一大类问题（如运动和力、电路等）的基础，其应用往往有一定的分析程序可循。

【案例】 2008年杭州科学中考卷第37题：

土培塘桥建于1985年，桥长55米，宽5米，位于杭州严家弄路和京杭大运河的交叉处，被认定为危桥予以拆除（见下左图）。传统的拆除方法，既要安排爆破，又要搭建钢架，费时费力，又会使残留物淤积河道，影响航运；现使用了一种新的拆除方法，只需要两到三天就可完成拆迁。拆桥的步骤是：把两艘载重500吨的船开到桥下，排去船上的水，使船体上升，托起重280吨的桥身，离开桥墩60厘米，然后使用牵引设备，横向拖曳桥身到岸上，在陆地上拆卸桥梁。假设桥的质量分布均匀，两船作用于桥身的位置各离桥两端15米处，下右图是拆桥的示意图。问：

（1）若要使桥同时脱离桥墩两船应怎样排水？每艘船应排出多少吨水？

（2）若仅用左船排水，则桥面先脱离____桥墩（填"左"或"右"），此时左船至少排水多少吨？

（3）若整桥水平上升60厘米，问两船克服重力做的功为多少？

【教学设计】

①思考：

桥脱离桥墩过程中，研究的对象是什么？（——桥为研究对象）

桥脱离桥墩过程中，关键是要分析哪一时刻的情境？（——刚要脱离）

②思考：

桥脱离桥墩（运动状态发生改变），采用什么研究方法分析？（——受力分析）

③任务：

对桥进行受力分析，并根据情境建立受力关系。（——$F_{C支}+F_{D支}=G_桥$）

④思考：

要将影响桥脱离的C、D两处的支持力与船内排出水量建立联系，应选择的研究对象是什么？（——船为研究对象）

⑤思考：

对船进行受力分析，并根据情境建立受力关系。（——$F_{C压}+G_船+G_{水2}=F_浮$）

⑥思考：

要分析排出水量，除了最后水量外还要最初水量，怎样建立关于最初水量的受力关系？（——$G_船+G_{水1}=F_浮$）

⑦思考：

请用两块橡皮、一支笔，演示仅左船排水上升给研究对象——桥产生的新影响。（——桥左侧先脱离）

⑧思考：

利用什么模型分析桥的受力情况并建立受力关系？（——杠杆模型）

【设计意图】 抽象图像模型往往用于反映事物背后的原因，利用抽象图像模型解决问题是对已有知识、模型的应用，这种应用一般都有现成的模式，如力学问题的模型分析模式为：确定研究对象→选择适当模型（平动的质点还是转动的杠杆）→分析模型（受力分析）→建立关系（常用二力平衡或杠杆平衡条件建立等式关系）→数学处理。

【效果分析】 这种将一类问题解决方式以抽象图像模型为载体，分解为一定顺序的相应步骤，是培养科学思维方式的有效手段，为学生创新性解决全新问题提供了类似哲学性的指导。类似的问题还有电学定量分析、化学变化中的定量计算等。

（三）过程演示模型

1.过程演示模型的建构：紧抓状态 对比差异

具体实物模型、抽象图像模型和过程演示模型之间的关系，就好比图画和动画的关系，具体实物模型、抽象图像模型反映了某一时刻的相互关系，而过程演示模型就好像多幅渐变图画连续呈现出动画的效果，所以过程演示模型的建构和应用更多要紧抓两个状态的渐变。

【案例】 七年级下册第二章第6节《透镜与视觉》中近视的成因和矫正。（图5）

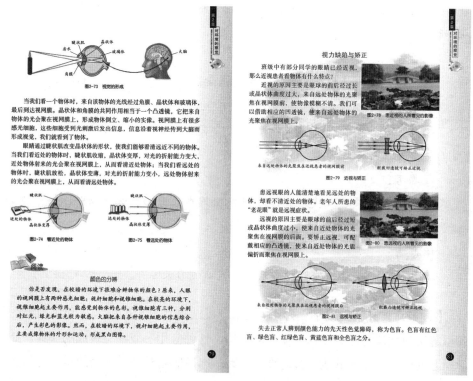

图5 七年级下册第二章第6节《透镜与视觉》内容示例

【教学设计】

①任务：

请一位高度近视的同学和一位视力正常的同学分别观察近处、远处的文字，并描述看到的情况。

②思考：

利用凸透镜成像规律，分析正常人从看清远处物体（图2-75）到看清近处物体（图2-74）发生了什么变化。

③思考：

因晶状体无法恢复（近视），当再次从看近处物体（图2-74）到看远处物体（图2-79左）时又会发生什么变化？

④思考：

怎样矫正近视，使得成像从视网膜前（图2-79左）到视网膜上（图2-79右）？

【设计意图】　通过利用凸透镜成像的规律和原理，结合正常人和近视患者的视物情况，分析正常人看远物→正常人看近物→近视患者看近物→近视患者看远物→近视患者矫正后看远物五种状态的变化，构建过程演示模型，认识近视与近视矫正。

【效果分析】　利用过程演示模型，引导学生应用凸透镜成像规律分析问题，理解近视的成因和矫正原理，提升利用科学知识分析解释问题的能力。

2.过程演示模型的应用：呈现渐变 注重逻辑

过程演示模型的应用要体现发展过程中各因素间的相互影响关系，通过清晰的逻辑关系，反映过程的全貌。

【案例】　八年级上册第三章第5节《体温的控制》中，人体是怎样维持体温的。（图6）

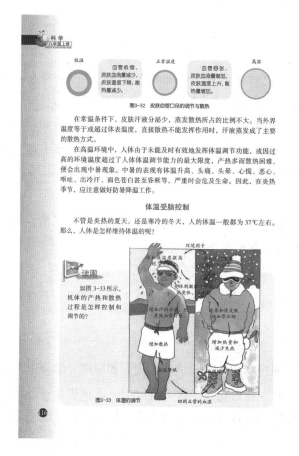

图6 八年级上册第三章第5节《体温的控制》内容示例

【教学设计】

任务：

根据人体控制体温的方式，用连续影响关系图分析人体在寒冷的环境中怎样维持体温。

寒冷环境→皮肤通过直接散热失去大量热量→……

【设计意图】 将独立零散的人体调节体温方式的知识点，通过分析具体情境进行应用，锻炼学生推理分析的能力。

【效果分析】 将人体如何维持体温的整个过程，用影响关系图的形式把每个渐变情况呈现。通过清晰的推理分析，培养学生严谨的科学态度。

（四）数学公式模型

1.数学公式模型的建构：探究影响趋势 对比数学函数

定律性、定义性数学公式（见模型教学分类表）本质是将科学探究所得的自变量与应变量的关系用数学的形式进行表达，其建构就是科学探究与数学函数的有机融合。

【案例】 七年级上册第三章第7节《压强》。（图7）

压力的作用效果

人在沙滩或雪地上行走，脚对地面的压力会在沙滩或雪地上留下脚印。这就是说，压力会使物体的表面产生凹陷的效果。尽管在许多情况下，物体表面的凹陷很小，人眼看不出来，但它却是存在的。对于相同的支承面，压力产生的效果跟哪些因素有关呢？

 活动

有人认为压力产生的效果可能跟压力的大小有关，还跟受力面积的大小有关。你能用实验对他的观点作出检验吗（设计实验时应当注意控制变量）？

按图3-86的程序进行实验，观察实验的结果，并比较各次实验中海绵的凹陷程度。

图3-86 探究压力效果的相关因素

大量实验表明，当受力面积相同时，压力越大，压力的作用效果越明显；当压力相同时，受力面积越小，压力的作用效果越明显。

实际上，压力的作用效果是由单位面积上受到的压力决定的。单位面积受到的压力越大，压力的作用效果越明显。科学上把物体单位面积受到的压力叫做压强（pressure），其定义式为：

$$压强 = \frac{压力}{受力面积}$$

用 p 表示压强，F 表示压力，S 表示受力面积，上述公式可表示为：

$$p = \frac{F}{S}$$

在国际单位制中，压强的单位为帕斯卡，简称帕，符号为 Pa，它是以法国科学家帕斯卡（Blaise Pascal）的名字命名的。1帕 = 1牛/米²。帕斯卡是一个很小的单位，1张对折的报纸平铺在桌面上时，对桌面的压强约为1帕；1粒西瓜子平放在桌面上时，对桌面的压强约为20帕。

图7 七年级上册第三章第7节《压强》内容示例

【教学设计】

①任务：

探究影响压力作用效果的因素有哪些。

②思考：

要更准确地反映压力的作用效果，需要将作用效果由定性描述转变为定量描述，压力、受力面积对压力作用效果的影响关系，分别可用哪些最简单的数学形式表达？

③思考：

用"压强"这两个字代替"压力的作用效果"，简化后的数学表达是怎样的？

【设计意图】 压强概念的提出采用学习进阶方式，从压力作用效果的影响因素探究→两个影响关系的独立数学表达→两个影响关系的整合→压强公式确立，以科学探究为基础，通过抽象、归纳、分析等科学方法，实现对探究结论表达的不断精确、精练。

【效果分析】 在使用多种方法建构压强数学公式模型的过程中认识压强，同时更理解了压强概念的由来，压强与压力、受力面积的关系，压强物理量提出的意义，完整地体验了一段科学发展历程，提升了科学素养。

2.数学公式模型的应用：分析情境状态 建立等式关系

数学公式模型主要用于揭示现象背后的物理量关系，而这些关系往往在各稳定的情境状态，故一般都和抽象图像模型配合使用。

【案例】 以2008年杭州科学中考卷第37题为例（题见本书第8页）。

【教学设计】 见本书第10页。

【设计意图】 数学公式模型反映了研究对象相关物理量之间的关系，等式是分析各物理量之间关系的有效途径。分析问题中每个情境状态，在每个情境状态内部或者在两个情境状态对比中建立相关物理量的等式关系，进而发挥数学的工具作用解决问题。

【效果分析】 这种将一类问题解决方式以抽象图像模型为载体，分解为一定顺序的相应步骤的方法，是培养科学思维方式的有效手段，为学生创新性解决全新问题提供了类似哲学性的指导。类似的问题还有电学定量分析、化学变化中的定量计算等。

四、模型教学的价值与局限

（一）模型教学的价值

（1）促进科学认知，理解科学本质。通过模型教学，能帮助学生更好地了解知识的由来，理清事物背后关键特征，训练获得知识的科学方法。

（2）发展科学思维方式，提升问题处理能力。通过模型教学，能促进学生养成思考问题的习惯，提升用科学的方式分析问题、创造性解决问题的能力。

（3）培养科学精神，提高科学素养。通过模型教学，能促进学生更好地体验科学历程，感受其中求实、严谨的科学态度。

（二）模型教学的局限

模型是对一定条件下对象主要特征的呈现，只具有相对的正确性，模型教学需要警惕无限制的扩大应用。

【参考文献】

[1]蔡铁权，梅尹.模型、建模与物理教学[J].物理教学，2013，35（08）:4-10.

[2]曹宝龙.物理模型的建构与教学建议[J].物理教学探讨，2016，34（05）:1-5.

新范式理念下优化课堂设计
促进教学高效策略研究

【摘要】 教学新范式改革给课堂教学带来巨大变化，更好地让教师回归主导地位，让学生成为教学主体，但同时也出现了教学过程僵化、教条，学生主动学习看似轰轰烈烈实质却为简单翻书摘抄，重知识学习而轻能力、精神培养等。本研究从"创设情境，优化课堂引入""问题驱动，优化课堂推进"等五个方面优化课堂设计，极大地提高了课堂教学效率，有助于更好地完成教学目标。

【关键词】 优化课堂设计；教学高效；新范式

一、研究背景

（一）课堂设计的重要性

《义务教育初中科学课程标准》明确提出，科学教学要能提高每一个学生的科学素养，而课堂设计在教学环节中又起着举足轻重的作用。不合理的课堂设计往往更多的是关注科学知识本身，却很少关注科学方法、科学思想甚至科学精神。即使对于科学知识，也多是采用反复讲授操练的方法，使学生做到学会知识，而非会学知识。这种教学模式极大地增加了学生学业负担，抑制了学生主体性的发挥，扼杀了学生的独立探究意识和创新意识，已成为亟待改进的教学环节。

（二）新范式开展中存在的问题

（1）学案填空化。"学为中心"的课堂新范式改革以来，广大教师纷纷编辑各式"导学案"，以"导学案"为依托开展课前预学、课中导学、课后固学等环节的教学，这种还课堂于学生、让学生成为教学主体、让老师回归教学主导地位的教学理念措施，广受教师肯定和好评。但在编辑"导学案"过程中常将科学知识填空化，让学生用填空题的形式开展知识的学习，这种方式虽将学习还给学生，但学生思维却受到题干信息的明示、暗示等束缚，导致科学思维培养难以充分开展，最终仍难逃"学习有余、思维不足"的结果。

（2）预习看书化。跟以往教学模式相比，科学的新范式改革依托"导学案"的引导，明显加强了课前预学环节，此举虽大大增加了学生自主学习的环节，但也常看到部分"导学案"中要求学生翻书找知识或看书学实验步骤。这种语文化的预学任务，严重违背了科学学习的探究本质，极大地剥夺了学生自主开展探究、认识科学本质的权利，并不是学生提高科学思维能力、建立科学精神的正确途径。

（3）教授学生式。师生作为教学环节中的重要对象，学生的主体地位和教师的主导地位在本轮新范式改革中也有了新的表现——课前学生在"导学案"的引导下完成绝大部分学习任务；课堂大部分时间留给学生讨论、展示以及小组成员间相互学习，少部分时间留给老师讲解（个别学校甚至建议老师讲得越少越好）。学生的疑问先在小组内讨论，讨论后仍未解决的疑问则在全班层面提出来，由班级内学生解决，实在无法解决的问题才由老师出面解决。总之将课堂主动权尽量全部还给学生，学生能讲的都由学生讲，实在不行的才由教师讲。

二、基本认识

（一）新范式课堂的理解

"学为中心"的课堂新范式教学模式采用"导学案"为教学依托，小组合作为组织形式，强调"先学后教、以学定教"的理念，极大地改变了原来教师"一言堂"的现象；改变了教师按照自己的构思和教学程序完成课堂教学任务的教学状态；改变了学生被动地跟着教师既定思路、程序性地配合完成规定教学任务的局面。在新范式理念指导下，提倡教师根据学生学习的情况，灵活调整原有教学计划，动态生成新的超出原计划的教学流程，使课堂在动态调整过程中，满足学生自主学习的要求，激活学生学习科学的兴趣，发挥课堂教学的有效性，实现学生全方位的持续发展。

（二）课堂设计优化

课堂新范式只是教学方式的一种改革，改革是为了更好地完成教学目标，改革必然要从科学的学科特色出发，所以在改革过程中出现了这样一些现象：学生增负不增质；教师放弃课堂动态引导而一味依靠导学案静态引导；为实现学生自主学的形式，追求实验结论验证而忽视实验设计原因；重视科学知识的学会而忽视科学思维能力的培养等，这些现象相应的教学设计都需要优化完善。总之新范式中"导学案""小组合作""先学后教"三大特色教学方式应该是我们教学中的建议手段，而非每堂课必备形式，改革关键是让学生成为教学真正主体。

（三）高效课堂

高效课堂是一种课堂教学目标实现最大化的状态，具体而言就是，一堂课中教学不能只满足合乎科学性、系统性，还必须看到学生是否有了获得知识的动力，学生是否带着一种高涨的情绪进行思考和学习，是否处在积极的智力活动中。只有这样，才能达到课堂教学的高效和高质。

三、理论依据

（一）建构主义理论

发现学习理论强调，学生不是被动的、消极的知识接受者，而是主动的、积极的知识探究者。教学的目的在于使学生能独立学习、独立解决问题。发现学习的实质是让学生自主探索，从中发现知识的内在联系和规律。教育必须注重学生的学习过程，学生的学习过程是一个主动建构知识的过程，而非简单传授知识的过程，其质量的高低依赖于学生主体经验的多少和社会互动能力的强弱。

（二）主体发展论

学校教育发展的主体是学生和教师。而学生主体的发展是教育的根本，其他两者的发展都是围绕学生主体发展而发展的。教与学，教师与学生，应该以学生为主体。但学生的主体发展离不开教师的主导作用，而教师在教学中的主导作用跟教师主体发展有着密不可分的关系：只有教师主体发展了，才有可能引导、帮助、促进学生主体的发展。促进学生有意义地学习主要依赖于理想的师生关系，学生只有在这种关系中才能够意识到自己力量的存在，才能够自由表达、自主参与各种学习活动。

四、研究过程

（一）研究方案

由于课堂设计优化的实验结果显现比较慢，研究以一届学生（3年）为期；同时由于研究对象以班为单位，本研究方案主要以参加实验的两个班级科学学习情况和同年级其他班进行对比作为研究方案。

（二）研究过程

1.创设情境，优化课堂引入

科学知识和科学方法来自对自然的不断探索和认识，学习科学不仅要了解科学知识、掌握科学方法，还要树立科学思想、崇尚科学精神，以及利用所学的知识、方法应对处理实际问题。要达到这个目标，像科学家一般从自然现象出发、完成整个探究认识过程是学习科学的最好方法，但这既不现实也受到时间、环境等因素制约而无法实现。教师作为教学活动的引导者，根据教学任务创设一定教学情境，进而激发学生据此提出质疑、探究释疑的能力，最终实现知识技能、方法、精神全方位的提升。（图1）

图1 创设情境优化课堂的流程

创设情境是学生开展科学探究学习的起点，能最大限度决定学生开展后续学习的动力，因此创设情境必须要能激发学生思维的碰撞。具体而言可采用以下几种方法。

（1）风趣幽默型。既能拉近师生间关系，又能拉近学生和学习内容之间的关系。如：

新版《科学》八年级上册第二章第4节《常见的动物》第一课时主要学习并掌握分类的概念，引入采用创设情境——商场里商品分类摆放。

师：很高兴能到美丽的××初中和大家共度美好的40分钟课堂（注：在外校上课），初次见面为表隆重，我昨晚特意去了商场，面对成百上千的商品迅速走到某意向品牌的门店内买了件合身的衣服，看起来还帅吧？	以轻松幽默的开场调节课堂气氛。 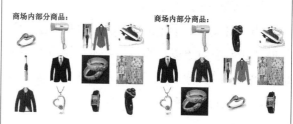
师：商场采取什么措施，让顾客能迅速找到需要的商品？ 生：分类。	PPT先展示十多种随机排列的商品，再自动展示商场里按楼层分布的不同类的商品。 顺利引入教学内容。

（2）惊奇现象型。利用人的猎奇心理，激发学生思维碰撞，从而主动开展探究、学习。如：

新版《科学》八年级上册第四章第5节《电压的测量》，采用播放电鳗发电点亮圣诞树的视频的方式，让学生在惊奇中开展思考、探究。

（3）活动参与型。如：

新版《科学》八年级上册第三章第3节《神经调节》第一课时，主要学习身体对刺激的反应和做出反应的结构——神经元，采用全体同学参与活动这一情景引入新课，具体如下：

教师：上课。 班长：起立！ （全班起立。） 教师：上课。 班长：起立！ （全班再次起立。） 教师：你们怎么又站起来了？ 学生：因为听到"起立"指令。 教师：这个"起立"的指令就是科学所说 的刺激；起立动作就是对刺激做出的反应。 ……	两次起立，极大地激发了学生的好奇心，增加了学习新课的兴趣，为下一阶段学习奠定思想上的准备。

（4）任务型。此类引入在复习课中较常应用，既能衡量学生知识掌握程度，又能培养学生对于知识的应用能力，同时还能为进一步复习拓展提供依据。如：

新版《科学》八年级下册第一章《电与磁》第1—3节复习，采用创设任务式情境引入课堂。

"利用所给器材在不打开盒子的前提下，判断闭合开关时导线中有无电流？（方法越多越好）"

注：提供的器材有带导线的暗盒、干电池、导线、小磁针、铁屑、铁棒、铁钉、木棒，共8件。

无论创设哪种方式的情境，突然性是它们的共同特点，关键都是为了更好地激发学生学习的兴趣，实现课堂教学的高效。

2.问题驱动，优化课堂推进

学生自主开展科学探究是掌握科学方法、培养科学精神的绝好方式，但受到学生自身能力等内在因素和时间有限、无关问题干扰等外在因素影响，探究活动往往困难重重而难以快速推进，进而制约了课堂的高效性。此时，有效的驱动性问题能推动课堂教学和学生思考与探究活动的顺利开展。

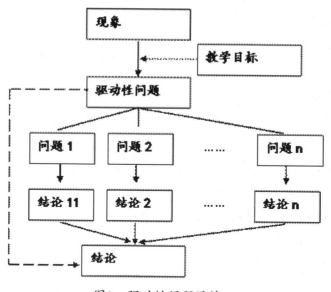

图2　驱动性问题设计

　　驱动性问题的设计是教师根据课程标准、教学内容和学生已有经验做的课堂流程备案设计。面对复杂的现象，依照教学目标设计一个或若干个驱动性问题，继而分解驱动性问题，形成若干子驱动性问题，从而通过各种教学方法在各个子驱动性问题情境中解决问题，进而得出各个子驱动性问题的结论，最终得出驱动性问题的结论，对现象做出合理解释。（图2）以这种问题驱动方式推进课堂进程，既能充分发挥教师在教学活动的主导作用，同时又避免剥夺学生在教学中的主体地位。如：

　　新版《科学》八年级上册第一章第3节《水的浮力》课堂设计，如图3所示。

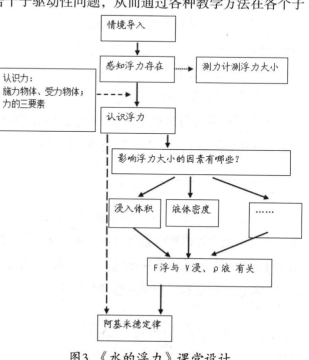

图3　《水的浮力》课堂设计

注：从施力物体、受力物体，以及力的三要素认识了浮力，如果直接进入阿基米德定律的探究，学生学习难度跨越太大，无法直接理解并开展有效探究，故在中间提出一个驱动性问题——"影响浮力大小的因素有哪些？"这样的引导既保证了学生继续主动学习的权利，又能降低学生直接探究学习阿基米德定律的难度，顺利推进课堂教学，提高教学效率。

3.生活化类比，优化教学参与度

初中科学学习中有很多新课内容比较抽象、难以理解，而且可选用的教学方法也比较单一，甚至难以让学生更多地参与到教学活动中。处理这种内容，生活化类比是个不错的选择。如：

新版《科学》八年级下册第二章第7节《元素符号表示的量》中有关相对原子质量的学习，知识本身比较抽象，计算方法的掌握难有更高效的教学方法。对此，笔者采用导学案的形式，通过生活化类比让学生参与教学活动，加深对科学知识的理解和科学方法的掌握。

导学案中有关相对原子质量的设计，如下：

> 生活中有很多商品都是论斤购买，比如鱼、肉、糖，但也有很多商品虽可以论斤购买，但如果真的这么做了却非常麻烦，比如热电厂购买煤。请问买煤时如果不论质量直接购买，还可以按什么方式购买？

课堂教学流程：

【小组展示】

可以以满满一车厢为标准购买。（选取较合理的方案，并经学生讨论得出方案）

接下来的任务只需要选择一个最适合计算相对原子质量的标准——碳12原子质量的十二分之一。（图4）

除此之外，还可以用一些生活化的名词类比科学术语，增加学习内容的亲和力，提升教学高效性。比如：用"保镖"类比"单位"，因为单位就像保镖一样紧跟着数值，确保数据表达意义完整。

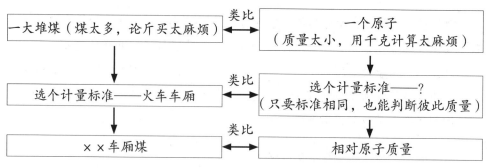

图4　相对原子质量计算类比图

4.难度递进，优化知识应用

学习科学一个非常重要的目的是，培养应用科学知识处理实际问题、参与公共事务的能力（《义务教育初中科学课程标准》第2页第17行），而解题则是这种能力培养和评价的一个好方式。如何有效讲评习题，最大限度发挥学生主体地位，引导其积极思考探索？笔者采用的方法是题目演变、分解难度，从易到难层层递进。具体如下：

新版《科学》七年级上册第一章第4节《科学测量》中有这样一个习题：

某温度计在0℃时水银柱长5厘米，在100℃时水银柱长25厘米。当水银柱长12厘米时，所测温度为＿＿＿＿℃。

笔者在讲评时，采用反问方式：

①审题后请用简图展示题目情景。

②这是一个关于温度计哪方面的问题？（生答：给温度计标刻度）

③温度计刻度怎么标？（冰水混合物标为0℃，标准大气压下沸水温度标为100℃，在0℃和100℃之间等分为100段，每一段表示1℃）

④请通过计算准确标出刻度。

⑤同学们还有别的计算方法吗？

【展示多种计算方法，并总结】

方法一：$\dfrac{25厘米-5厘米}{100}\cdot(25厘米-5厘米)$

方法二：$\dfrac{\dfrac{12厘米-5厘米}{100℃}}{25厘米-5厘米}$

方法三：$\dfrac{25厘米-5厘米}{100℃-0℃}=\dfrac{12厘米-5厘米}{x-0℃}$

方法四：$\dfrac{25厘米-5厘米}{100℃-0℃}=\dfrac{12厘米-5厘米}{100℃-x}$

题目演变为：

有一个刻度均匀但读数不准的温度计，在标准大气压下测沸水时示数为96℃，测冰水混合物时示数为4℃，用此温度计测的某杯液体的温度为22.4℃，则这杯液体的实际温度为_____。

师：做出简图并对比刚才题目，有什么相似之处？（生：错误的温度刻度也和长度刻度一样，均匀分布在温度计玻璃管上）

师：所以怎么处理这题？（生：把错误温度刻度当长度刻度用）

5.知识联想，优化复习教学

初三"科学"复习被很多老师和学生视为训练机器人，无论是首轮全面系统复习，抑或是第二轮专题复习，很多都是反复机械地操练，以时间和精力拼质量，结果却是学生科学课一听就懂，科学书一看就明白，老师一问就傻，作业一做就错，测验一考就砸，在经受不断的心理打击后走进中考考场，最后面对差强人意的成绩感慨一句"我已尽力，这就是命"。究其原因，很多是因为复习过程重苦干不重巧干。

中考"科学"复习应该是在原有知识梳理基础上的进一步深化提高，比如知识点复习应让学生在原本熟知知识的基础上采用联想式发散法梳理知识，主动建立树状知识导图，不断细化深入复习对象。如关于"光"的复习可采用图5所示方法进行梳理。

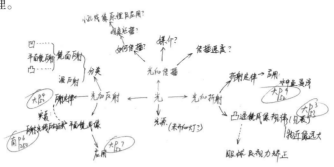

图5 "光"的复习树状知识图

对于知识的应用，则可在核心知识的基础上，通过局部调整，进行联想式发散应用。如根据伏安法，还可以用以下方法测电阻。

方法一：只有一个电压表，一个阻值已知的定值电阻。如何测一个未知电阻Rx？——电压表定值法。（图6）

方法二：只有一个电压表且不允许拆卸电路，一个阻值已知的定值电阻，如何测一个未知电阻Rx？——一次性电压表定值法。（图7）

方法三：只有一个电流表，一个已知阻值的定值电阻R₀，如何测出未知电阻Rx？——电流表定值法。（图8）

方法四：只有一个电流表，一个开关，如何测一个未知电阻Rx？——一次性电流表定值法。（图9）

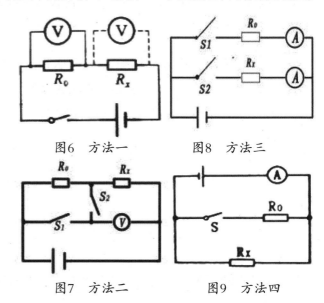

图6　方法一　　　图8　方法三

图7　方法二　　　图9　方法四

五、研究成果分析

（一）研究成效

经过一届学生三年时间的努力探索和试验，该研究在以下几方面取得了一定的成效。

（1）大大增强了学生的主体地位。通过课堂优化，教学新范式中原有优势进一步得以巩固，同时还结合科学的学科特色，进一步发挥教师动态引导作用，使学生在教学活动中能更好地自主开展主动探究、学习，学生的主体地位更加突出。

（2）极大地激发了学生学习科学的兴趣。实验是科学的生命，探究是科学的灵魂。新范式理念下的课堂优化，更好地实现了学生自主探究、学习科学的目标，在老师积极创设情境、问题驱动式引导下，学生的学习探究过程虽仍有挑战，但更能在高效中享受学习，极大地增强了学生学习科学的信心，激发了其学习科学的兴趣。

（3）不仅让学生更好地熟知科学知识，更关键的是让学生熟练掌握科学方法，培养了学生科学探究精神，提高了学生应用知识解决实际问题的能力。笔者所任教的两个班级科学作业量少于年级其他班级，但在中考中考试成绩却能领先其他班级，真正实现了轻负高质，如表1所示。

表1　不同教学方法对应班级成绩对比

班级	七年级上学期期中考试平均分	年级位次	科学中考平均分	中考年级位次
1、2班	88.09	3	108.74	5
3、4班	88.62	2	114.12	2
5、6班（笔者任教）	87.83	4	117.29	1
7、8班	83	6	108.13	6
9、10班	91.77	1	114.09	3
11、12班	86.97	5	112.67	4
总计平均值	87.8		112.48	

（二）思考与讨论

大力提倡新范式改革的今天，探索课堂设计优化的策略不容忽视。笔者根据自己对课程标准的理解，针对新范式改革中看到的一些问题，结合自己实践研究，提出了从"创设情境，优化课堂引入""问题驱动，优化课堂推进"等五个方面推进课堂设计优化，实现课堂教学高效。虽在自己的教学实践中取得了一定的成绩，但仍有许多不完善之处需要进一步改进，比如研究对象仍相对较为单一，只有一届学生，缺乏科学研究的普遍性，为此笔者将继续探索课堂教学设计优化这一课题，争取让研究成果更加完善，更具普遍性。

【参考文献】

[1]张莉娜.恰当设计与处理驱动性问题 提高初中化学课堂教学实效性[J].北京教育学院学报（自然科学版），2007（06）:37-40.

[2]中华人民共和国教育部.义务教育初中科学课程标准（2011年版）[M].北京:北京师范大学出版社，2012.

素养立意理念下初中科学课程
创造性思维培养策略研究

【摘要】 核心素养就是必备品格和关键能力，根据高中物理、化学、生物等学科核心素养的架构模式及初中科学学科特点可知，创造性思维必将是初中生的关键能力中非常重要的一个点。本文力图在认知学习和动机理论指导下从基础、来源、方法、目标四个环节探讨创造性思维培养的策略。

【关键词】 素养；创造性思维；科学课程

当知识爆炸式增长，当科技水平日新月异，当互联网、人工智能的发展以摧枯拉朽之势颠覆一个又一个行业……高速发展的社会里，我们的教育又该做些什么？不同层面有不同层面的思考——国家层面提出了培养学生的核心素养；在长期初中科学一线教学中的笔者认为，应该更多地关注具体知识、具体方法背后的思维能力的培养，包括批判性思维、逻辑性思维、创造性思维……本文中笔者结合自身教学研究、实践，重点谈谈如何在初中科学教学中培养学生的创造性思维。

一、研究背景

（一）社会高速发展对人才类型质的升级

过去十多年间，人类在科学、技术等方面的飞速发展，不仅改变了我们的生产生活习惯，更改变了我们的思维方式，促使我们不断思考新时代的教育到底应该怎么办。首先，借助互联网技术开发的各种线上教育模式，以各种各样特色开展远程授课；各种类型网红教师以风趣幽默的讲课风格深受部分学生、家长的好评，给采用传统模式教学的教师带来很大压力。其次，题库、易错题、个性化错题集等线上、线下教育辅助系统，让以做题为核心的学习方式变得更高效，让以题代教的单一化教学模式变得更加无足轻重。最后，人工智能高速发展改变生产生活的同时，将取代大量传统工作岗位，不仅流水线上技术熟练的工人、超市里动作麻利的收银员，甚至律师、医生这类高精尖技术人才也面临巨大的挑战。如此一来，我们教育中所擅长的基本训练、基本知识培养在人工智能面前变得微不足道，而创造性思维等高阶能力培养的劣势将进一步放大。

（二）教学目标调整为发展学生的核心素养

基于对中国教育现状和社会发展未来的研究，国家提出了以发展学生核心素养为目标的新一轮教育改革，这将是继"双基""三维教学目标"之后又一次重大教育改革，其关键是要回答"新时期要培养什么样的人"的问题，进而指引广大教育工作者研究"用什么培养出我们需要的人"。目前，虽然初中科学的核心素养暂没公布，但以已公布的高中物理、化学、生物三科的核心素养来看，科学、理性思维能力培养不仅是高中阶段理化生学科核心素养，也应该是初中科学核心素养的重要组成部分。而需要培养的科学理性思维包括逻辑性思维、批判性思维、创造性思维……其中初中科学学科是创造性思维培养的绝佳平台。

（三）传统讲授型教学模式仍较为普遍

限于教师自己曾经所接受、熟悉的教学方法多以传统讲授法为主，且自身教学理念没有及时更新，绝大部分教师仍以讲授法教学为主（笔者曾协同多位老师，对杭州市某区多所学校的课堂教学方式进行随机量化评估【见附件1】，统计结果为课堂平均讲授时间占比约为70%）。同时，面对中考竞争不断激烈甚至白热化，社会、学校、家长各方都表现出不同程度的焦虑，这种来自中考以及日常月考、期中期末检测的焦虑更催生了部分教师希望尽可能多地将知识方法教授给学生的想法。而从教师的感受来看，讲授法恰恰是信息输出最高效的方法。只可惜讲授型为主的课堂，忽视了学生自我建构知识的规律，浪费了一次次锻炼学生思维的机会。

（四）以纸笔测试为主的评价体系，对高阶思维能力培养的引导不足

正如纸笔能测出一个人对汽车结构及其运行原理、汽车驾驶流程步骤（属于知识和低阶能力）的认识程度，但测不出一个人的开车技术（属于高阶能力）。而我们现阶段以纸笔测试为主的评价方式，导致教师用应试的方法对付各种考试，更关键的是要求用大量时间去争取高分，为了让自己从95分提高到98分甚至满分，就需要进行大量重复性操练，这使学生的学习囿于一个固定的内容圈子，不敢越雷池一步，进而导致学生思维变得固化、僵化，限制学生各种思维能力的培养。

二、基本认识

（一）素养立意理念要求教学应立足于培养学生素养

2016年发布的《中国学生发展核心素养》报告是我国教育史上第一次系统性的用实证研究的成果回答培养目标问题——发展学生核心素养。那什么是素养？素养等于"品格+能力"，而核心素养就是必备品格与关键能力，是指学生个人生活和适应社会所需的必备品格与关键能力。学科核心素养是指通过本学科学习，学生应该发展起来的必备品格与关键能力，通俗讲就是指学习本学科后忘记具体知识、具体方法后依然保留着的必备品格与关键能力，如今后遇到全新问题时积极面对的态度和摸索着尝试解决的能力。

（二）初中科学是培养学生创造性思维的绝佳平台

创造性思维是基于原有认识，经过繁多的直觉、想象、推理等思维活动，从而产生新颖的、独到的思维成果或与众不同的解决方案。创造性思维是核心素养中包含的一种重要的高阶思维能力，绝不是与生俱来的禀赋，而是要经过长期的知识积累、素质磨砺才能具备的。科学研究对象的客观物质性，成为培养创造性思维的绝佳载体；科学研究内容的综合性，成为培养创造性思维等高阶思维能力的绝佳途径；科学研究时实践操作等方式的多样性，为培养创造性思维提供了更多的思路和手段。

（三）借助任务式学习模式精心组织，充分发动学生开展主动学习，积极培养创造性思维能力

创造性活动必然是个人主动开展的，经历计划、执行、检查、反馈、调整等一系列过程，包含了自我系统和元认知系统两个层次。想要高效组织学生开展自主学习，必须借助于一个个具体的学习任务，学生自己做主、不受他人支配、不受外界干扰地通过阅读、听讲、研究、观察、实践等手段，使个体认知结构得以持续变化，进而创造性地建构起相应的知识体系。

三、研究过程

（一）用联想结构联结知识，夯实创造性思维基础

创造性思维是以广博丰富的知识为基础，大脑通过一系列思维活动，实现知识的迁移，产生新的方法和成果。因此，要具备创造性思维，应先建立起牢固的、易于提取的基础知识和基本技能。信息加工理论研究表明，长时记忆中的信息主要通过联想结构来表征，由此在学生学习知识过程中应该尽可能多地遵循大脑活动规律，多进行联想记忆，笔者近几年在这方面尝试了多种知识梳理方法，取得了一定的成绩。

（1）在知识梳理过程中制作思维导图，强化建立彼此间联系，助力联想记忆。（图1）

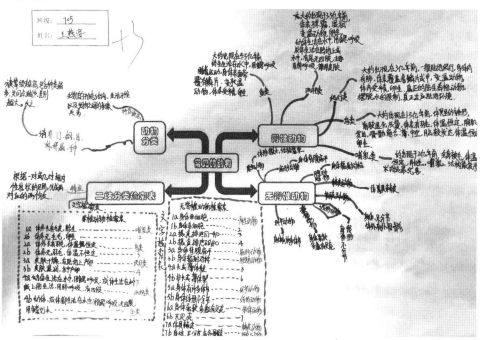

图1　知识梳理思维导图示意

（2）布置分步骤复习、梳理笔记任务。

①以周为单位，每个周末布置本周所学内容复习及笔记整理，要求在周六前将相关笔记整理，利用家长手机拍照上传班级QQ群；

②周六晚上由老师将笔记整理的提示发到QQ群，再要求同学们自己根据笔记提示完善自己梳理的笔记（见附件2）；

③周一回校后检查、评估、反馈。

思维导图以关键词、关键图作为记忆触发器，通过线条、图形等形式建立彼此联系，模仿大脑联结和加工信息的方式，实现知识的高效长久记忆。但对于笔者所在学校50%的同学而言难度较大，故笔者采用第二种知识梳理方法，一方面兼顾人脑记忆方式，另一方面兼顾学生实情。总之以多种形式的联想结构模式助力知识长久记忆，为培养创造性思维奠定基础。

（二）聚焦关键问题，明确创造性思维方向

关键问题是我们行动过程中的目标指向，其在自我调节中起着关键性的作用，这是对学生分析问题、做出反应的切入点的有效锁定，是对突破难点采取的方式方法的有效指引，也是创造性思维培养中的重要指引和方向。

比如《科学》七年级上册第一章第4节《实验》中，完成小石块体积的测量，并复习了归纳出以上这种转换法测固体体积的关键——小石块必须被浸没，之后笔者一般会依次设计以下几个问题，并逐个呈现。

（1）请设计实验测量一小块泡沫的体积。

（2）请设计实验测量一小块冰糖的体积。

这两个问题如果直接提出来，学生往往毫无头绪，感觉无从入手。但当老师引导学生聚焦关键问题在哪后，学生往往能迅速聚焦问题（泡沫没有浸没）、突破问题（用针压入水中、用重物拽着浸没水中），再结合前面所学的排水法测石块体积的方法，就能较快整理出完整测量方案。

之后在设计冰糖体积测量方案时，只要提醒学生注意"聚焦关键问题、寻找突破方法"这一处理问题思想即可。大部分学生都能聚焦关键问题、设计出具体方案（冰糖会溶于水，可用裹层保鲜膜、外涂油漆、外涂蜡等方法）。

再比如《科学作业本》七年级上册第一章复习题上有这么一个问题：给你一只量筒、一只烧杯、一支铅笔和足够的水，利用这些器材，怎样测量一只鸡蛋的体积呢？请简要写出测量的主要步骤（量筒口较小，鸡蛋放不进去）。

同样采用聚焦关键问题的方法，可创造性地设计出实验方案。

聚焦关键问题1：鸡蛋无法放入量筒；

如何突破：将之放进烧杯；

聚焦关键问题2：烧杯不能量体积；

如何突破：用量筒每次量取等量水（如1毫升），在烧杯上画出刻度线；量出两次液面所在画线间水的体积；在满杯的水中放入鸡蛋，溢出的水用量筒承接后再测量；

反思：三个步骤的现实操作性如何；

聚焦关键问题3：步骤三中如何让水顺利流入小口的烧杯；

如何突破：烧杯倾斜。（图2）

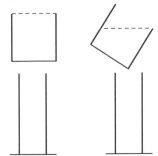

图2　让水流入小口烧杯示意图

之后再整理完成实验方案设计。

创造性思维本身就是用于攻克各种未知难题，在整个思考过程中必须找到切入点，选准突破口。只有锁定了目标，方能重点攻克，故而要培养创造性思维，重点就是聚焦关键问题。

（三）质疑反思，激发创造性思维的来源

无论是在概念转变教学还是在问题处理过程中，合理引导学生开展质疑反思，不仅可以对自身知识建构过程、思路、方法加深理解，更能领悟学习的思想、方法，优化认知结构和处理问题的方式方法，发展思维能力，培养创新意识和创造性思维。

例如《科学》九年级上册第三章第3节《能量转化的量度》中"图3-27人用力搬石头，没有搬动""图3-28人提书包在水平路面上匀速通过一段距离"两例中，学生很难理解人对石头、人对书包都没有做功。究其原因在于学生将"人做功"和"人费劲"画上了等号，这是对"做功"概念的一种错误建构，要转变对这个概念的错误建构，需要让学生从概念提出的目的、概念的定义入手，分析概念的定义及产生的结果，从最简化模型分析入手，具体而言分解为以下几个问题的反思。

（1）"做功"概念提出的原因是什么？——生：量度能量转化的多少。

（2）以上两例中如果发生了能量转化，是怎样转化的？——生：人体内的化学能"转化为"石头、书包的能量。

（3）那请分析人、石头、书包三者能量大小的变化情况。——生：没有改变，即没有发生能量的转化。

通过引导学生进行问题分解式的质疑反思，创造性地建构新知识，实现创造性思维的培养。

再比如：在科学习题反思中，引导学生通过证据搜索反思科学解题步骤。（图3）

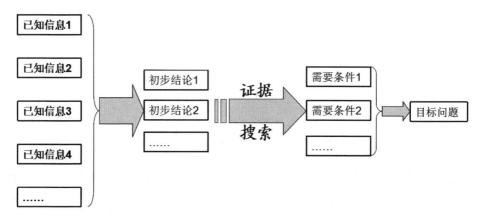

图3　引导图

以七年级上册《科学作业本》第二章第2节中的一个习题为例。

计数板是一个特制的可在显微镜下观察的玻片，样品就滴在计数室内。计数室由20×20的400个小室组成，容纳液体的总体积为0.1毫升。现观察到图4所示a、b、c、d、e 5个大格共80个小室内，总共有酵母菌45个，则可求得上述1毫升酵母菌样品中约有酵母菌多少个。（图5）

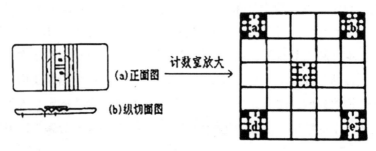

图4　显微玻片计数图

信息提取　　　　　　　　　　　信息分析　　　　　　　　　聚焦问题

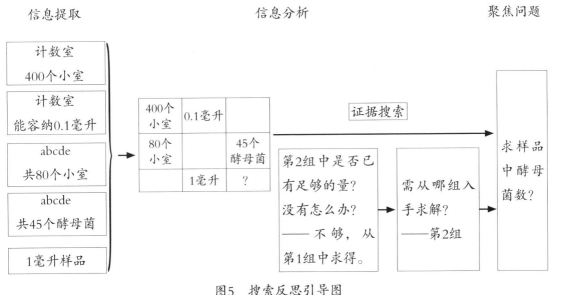

图5　搜索反思引导图

（四）一题多解，培养创造性思维的方法

创造性思维的一大特点是新颖性，往往表现为创造成果反常规思维，能从问题的另一面着手，这点与一题多解原理非常相似，所以充分利用一题多解是培养学生创造性思维的一个非常好的方法。

比如：上面讲到的关于不规则固体体积测量中，如何测量冰糖体积？

引导学生"聚焦关键问题、寻找突破方法"，大部分学生都聚焦关键问题（冰糖会溶于水），用常规思维设计出具体方案，即通过在冰糖外面包裹一层物质不让冰糖溶解（如裹保鲜膜、涂油漆、涂蜡等），但有个别学生会转换角度对水进行改进（用沙或油等不能溶解糖的液体），这时就要引导学生培养创造性思维，其实两种思路都是对所聚焦的关键问题（冰糖会溶于水）的不同角度发散思维，前者在冰糖，后者在水。

又如：《科学作业本》七年级上册第一章复习题上有这么一个问题。

给你一只量筒、一只烧杯、一支铅笔和足够的水，利用这些器材，可以怎样测量一只鸡蛋的体积呢？请简要写出测量的主要步骤（量筒口较小，鸡蛋放不进去）。

在突破聚焦关键问题2时（烧杯不能量体积），常规思路（量出两次液面所在画线间水的体积）是从"量体积"层面进行突破，而"用量筒每次量取等量水（如1毫升），在烧杯上画刻度线"则是从烧杯层面进行突破，变换思考问题的角度，创造性地提出不同的解决方法。

再比如：一支没有刻好刻度的温度计，插放在冰水混合物中，水银柱长度是5厘米；然后插放在烧杯内正在沸腾的水中时，水银柱长度为30厘米；若用温度计去测量某液体，水银柱长度是15厘米，则液体的温度是多少？

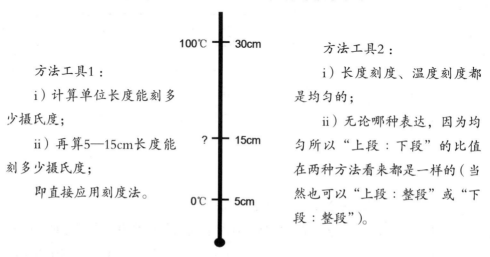

方法工具1：

ⅰ）计算单位长度能刻多少摄氏度；

ⅱ）再算5—15cm长度能刻多少摄氏度；

即直接应用刻度法。

方法工具2：

ⅰ）长度刻度、温度刻度都是均匀的；

ⅱ）无论哪种表达，因为均匀所以"上段：下段"的比值在两种方法看来都是一样的（当然也可以"上段：整段"或"下段：整段"）。

这是从解决问题的数学工具的不同思考层面进行创新。

四、研究反思

创造性思维作为人类的高级思维，是高阶能力的一种形式，难以评价是制约培养的一个重要原因。一方面难以通过纸笔测试进行结果评价，更多的是采用过程性评价；另一方面，创造性思维的偶然性决定了其难以通过统一的形式进行评价。基于此，对学生创造性思维培养的过程性评价，笔者初步认为可从以下三个方面进行定性评价。

（1）直接观察学生处理新问题时的情绪反应。创造性思维培养的程度一方面表现为创造性成果的质量和数量（这存在偶然性，判断无法客观）；另一方面表现在对全新问题的个性化处理过程，以及过程中的情绪反应——是否全程自信、是否情绪稳定，还是情绪间隔性稳定甚至焦虑等。

（2）看学生学习新知识的行为表现。对同一全新内容的常规学习中，能否有自己独创性的发现，能否提出高质量的疑惑，这种在一个班内的同龄人间进行的横向对比也是评价学生创造性思维培养效果的一个重要指标。

（3）处理信息给予题的成绩。信息给予题往往要利用先行给予的未知知识处理全新问题，这类题目的解答较少受到原有方法的干扰，能较好地反映学生的创造性思维能力。

【参考文献】

[1]韩葵葵，胡卫平.国外青少年科技创新素质的培养模式及启示[J].教育理论与实践，2015，35（28）:20-23.

[2]申克.学习理论（第6版）[M].何一希，钱冬梅，古海波，译.南京:江苏教育出版社，2012.

附件1：

表 附-1   课堂观察记录表

学校			班级			学科		课型	
任课教师		性别		教龄		第一学历		职称	课题
课堂观察记录情况									
	学生课堂学习行为				实际记录时间（单位：分钟）			按学习金字塔折算分值（单位：分）	
1	听（老师讲、读或布置任务，个别同学朗读或发言，小组汇报、录音等）								
2	读（多形式的集体朗读，师生领读等）								
3	看（视频、课件、图片，老师板书或示范，个别同学演练或展示等）								
4	演（集体演练，个别学生上讲台展示或练习，课本剧等）								
5	其他（作业订正，汇报交流，诵、背、默写课文、词汇或其他学习材料等）								
6	议（带着任务读或思考，主动质疑，同桌或小组讨论）								
7	践（当堂练习，实验操作，模拟运用，游戏活动，知识整合，学习迁移）								
8	教（小组互教，同桌或邻桌互教）								
9	合计								

附件2：

2.4常见的动物

一、分类

1.定义：……

分类的意义：使事物之间的关系变得更加清晰。（书 P56 上画线部分）

2.生物分类的依据：①……；

②……；

③……；

3.分类等级：……（林奈）

分类等级越低，包含的生物种类越……

生物间的共同点越……

生物间的亲缘关系越……

二、脊椎动物

1.

分类依据：……

分类依据：①……；

②……；

2.五类脊椎动物的特征

表　附-2　　五类脊椎动物的特征对比

脊椎动物	出现时间	生活环境	呼吸	体表	体温	生殖	运动
鱼类	4.5亿年前	……	……	……	……	……	靠鳍运动
两栖类	……	幼体水生；成体水陆两栖	幼体鳃呼吸，成体肺兼用皮肤呼吸	……	……	……	幼体有尾无四肢，成体无尾有四肢
爬行类	……	……	……	……	……	……	一般贴地爬行
鸟类	……	陆上	……	……	……	……	身体呈纺锤形，前肢特化为翼，胸肌发达，骨骼愈合、薄、中空，脑比较发达
哺乳类	……	水、陆、空	……	……	……	……	

注：

①箭头方向表示脊椎动物进化方向。

②四大家鱼：鲢鱼、鳙鱼、青鱼、草鱼。

③毒蛇咬伤后急救：

判断→扎紧（扎哪里？……)→放血→清洗（用啥洗？……）→送医

三、无脊椎动物（约100万种）

1.无脊椎动物特征

表 附-3　　无脊椎动物特征对比

种类	生物	身体细胞数	摄食和排泄口	体型	有无贝壳	体表	体节
原生动物	草履虫、变形虫	身体单细胞	／	／	／	／	／
扁形动物	涡虫、血吸虫	……	同一开口	背腹扁平	／	／	／
腔肠动物	水母、海葵、水螅	……	……	辐射对称	／	／	／
棘皮动物	海星、海参、海胆	……	……	非长非薄	无	体具棘皮	／
节肢动物	蝴蝶、螃蟹、蜈蚣、蜘蛛	……	……	……	无	身体、足分节，有外骨骼	／
软体动物	蛤、蜗牛、鲍鱼、乌贼	……	……	……	有，身体柔软		／
环节动物	虹蚓、水蛭(蚂蟥)	……	……	长或薄	／		有许多体节
线形动物	蛔虫	……	2	……	／		身体线形不分节

2.节肢动物

①节肢动物　　
- ……类（如：……）
- ……类（如：……）
- ……类（如：……）
- ……类（如：……）

②昆虫特征：体外有……（长大过程中要蜕皮）；

身体分为……、……、……三部分；

足、触角分节；

有……对足、……对翅、

①节肢动物

昆虫　
- 益虫
- 害虫

分类依据：……

核心素养理念下四阶学习环探究式学习研究
——以初中科学概念学习为例

【摘要】 初中科学的学科核心素养应包括——科学观念、科学思维、科学探究、科学态度和社会责任四个方面，探究是手段，思维是目的，态度和责任是关键，观念是结果。科学概念的四阶学习环探究式学习模式能有效引导学生在解决问题的过程中建构概念，培养学生认识事物、解决实际问题的思维习惯和能力。

【关键词】 核心素养；四阶学习环探究；概念教学

一、研究背景

（一）教师对概念教学理解片面化

教师常凭借经验，将概念内容通过各种形式直接呈现给学生，忽视概念形成的原因、概念怎样形成、概念形成的好处等一系列过程，缺少根据学生自身实际情况引导其自主建构概念的过程，致使概念教学沦落为不同形式的讲故事模式。

（二）教学过程形式简单化

因教师自身求学经历、教学理念、考试压力等多种原因，很大一部分教师一味追求在课堂多输出信息，课堂教学以传统讲授法为主。在此大背景下，科学概念教学中以讲代学、以记代思、以视频动画代实验的现象比比皆是，最应体现科学本质的概念教学却和科学本质相去甚远。

（三）概念学习方法单一化

以归纳演绎为基础的科学方法，不仅是科学家提出科学理论的基础性方法，也是概念建构、理解、应用的基础。而大部分概念教学往往采用"直接呈现—解读内容—举例说明—习题巩固—应用分析"的模式，这种模式单一利用演绎而舍弃归纳，更没有使用观察、比较、分类、分析、综合、假设、推测等其他科学方法。这使得概念学习的完整性被破坏，导致学生学习效率低下、学习能力无法得到最大限度提升。

（四）探究式学习方法僵化

很多一线教师一说探究就是机械地用直线单向科学探究模式（提出问题—建立假设和猜想—设计研究方案—收集证据—检验假设—表达和交流），又根据各类考试重点关注"设计研究方案"，这种不顾情境变化、不顾问题发现的应试模式浪费了借助概念教学提升学生思维能力的大好机会。

二、核心概念

（一）概念教学

概念是对现象、规律的高度概括，是科学规律和理论的基础，是科学思维过程的核心内容之一，是初中科学课程的基本单位。概念教学不仅要引导学生自主建构概念中的有形部分，更要引导、固化概念建构时采用的科学方法、科学思想和科学精神等无形部分，从中培养学生个人生活和适应社会所需的必备品格与关键能力（核心素养）。

基于"思维方式、研究方法、知识体系、要与技术和社会相互作用"四个维度的科学本质和高中理化生的学科核心素养，初中科学的学科核心素养应包括科学观念、科学思维、科学探究、科学态度和社会责任四个方面。核心素养理念下的概念教学唯有通过以具体真实的问题为导向，充分调动学生利用原有知识、经验，用比较分类、归纳演绎、分析综合、抽象概括、推理论证等一系列的科学方法解决问题，在解决问题的过程中实现概念的建构，培养学生认识事物、解决实际问题的思维习惯和能力。

（二）四阶学习环科学探究模式

科学探究是认识新事物、归纳新规律的重要学习方法，科学探究也是帮助学生更好地完成新知识、新规律、新概念建构的教学方法。建构主义理论告诉我们，学生的学习是在已有的经验基础上进行建构的，只有基于学生原有认知基础上的教学才是真正有效的教学。因此，四阶段学习环探究模式是在"概念探索""概念介绍""概念运用"三个环节基础上再增加"评价阶段"，即在开始阶段先暴露学生对已有科学概念的认识程度，再围绕科学概念通过"评价（预测学生原有水平）""调查（概念的探索）""对话（概念的介绍）""运用（概念的运用）"四个环节开展探究式学习。（图1）

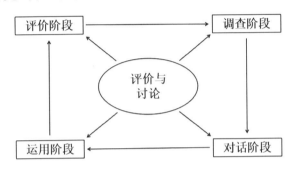

图1　巴曼修订的四阶段学习环

三、研究过程

（一）初中科学概念属性

无论采用哪种方法进行概念教学，都要建立在熟悉各种科学概念自身特点的基础上。课题组通过查阅大量文献和研究成果，尤其是蔡铁权、唐诗等学者对物理、化学概念分类的研究，再结合初中科学概念自身的特点，将科学概念大致划分为三类——具体概念、抽象概念和定义概念。根据概念定义、特点、实例、教学方法等，总结如表1所示：

表1　概念教学种类对比

概念种类	概念定义	概念特点	实例	采用科学方法和培养科学思维	备注
具体概念	反映客观存在的具体事物、现象的概念。	只是对客观存在的具体事物、现象的突出、命名，一般与我们的经验相一致。	消化系统、重力、光的反射、实像、虚像、分子生产者……	采用以观察法为主的基本科学方法和分析综合比较分类为主的思维方法。	不适用探究学习。

续表

概念种类	概念定义	概念特点	实例	采用科学方法和培养科学思维	备注
抽象概念	反映客观事物、现象背后的本质属性或规律的概念。	需要用各种科学方法对大量事物、现象进行理性认识，具有抽象性、概括性、科学性、严谨性等特点。	测量、杠杆参照物、质量、元素、生态系统光合作用、化合反应……	采用以观察、分类、测量等为基础，以假设、控制变量、实验、模型等综合科学方法和抽象具体、科学推理等思维方法。	适合探究学习，也是本课题研究的重点对象。
定义概念	采用一定科学认识方法而形成的概念，一般常在反映客观事物、规律背后本质属性和规律的基础上。	为了满足认识事物、现象及其背后的本质属性和规律，人为定义而形成的；是以具体概念和抽象概念为基础的概念。	密度、速度、压强、溶解度、相对原子质量、化学式、化学方程式……	建构抽象概念所用科学方法和思维基础上，再辅以下操作性定义等综合科学方法和还原整合、臻美等思维方法。	建构概念中，寻找事物、现象背后的本质属性和规律部分可用探究学习，也是本课题研究的一部分。

1.学习内容分析

本章是初中科学的起始，是科学学习的入门，是小学科学学习的一个升华。小学科学更多关注对自然现象的感性认识、对基本科学知识的科普性介绍、培养一定的动手能力、激发学生认识探究自然的兴趣。本节内容以"测量"为具体载体，将"科学是什么？""为什么研究？""用什么科学方法？""依据怎样的科学思想？"等前三节的科学介绍，进行了实质性的体验式学习。"探究测量的本质，发现刻度尺使用注意事项并总结应用"是本节重点，其中"探究测量的本质并应用"更是教学的难点。"科学探究"虽在本节之后才提出，但并不妨碍其在本节内容学习过程中的应用。

测量是学生在日常生活和小学学习中经常使用的学习方法，这些生活化的素材和科学之间有什么联系？又有什么区别？本节内容从"测量"的概念和长度、体积、温度测量入手，向初学者展现了科学源于自然、源于日常生活的理念，却又比生活化描述更为严谨、精确。本节"长度测量"部分教材更注重以学生原有知识和能力为基础，力求将"定性到定量、科学探究"等科学思想和"观察、分析、实验、下操作性定义、测量"等科学方法融入知识的学习。

2.学情分析

初一学生对科学有着浓厚的兴趣，对于测量也有很多生活经验，这都是本节教学开展的基础。但是，由于小学科学侧重点以及学生自身心理特点等原因，初中学生常常只关注学习结果而非学习的过程，概念学习经验也非常欠缺，往往采用"记—练—理解"的学习模式，如何通过本课时学习让他们感受到科学研究的思想、体验科学方法，认识到科学并非凭空产生的，科学学习也并非死记硬背，是本节课教学应重点关注的。

3.学习目标分析

（1）通过多种方法判断物体长度，探究物体长度的判断方法，归纳出测量本质，并能将测量概念应用于体积、质量、温度的测量，从而感悟统一度量衡对于社会发展的积极意义；

（2）通过自主阅读材料，寻找单位命名的规律及其换算关系，了解常见物体的大致长度，从而体会日常问题与科学知识之间的联系，发展观察生活、学习科学的积极性；

（3）通过观察各种刻度尺，区别刻度尺与直尺、皮尺等概念范畴，表述刻度尺及其刻度特征，并概述其意义；

（4）通过测量具体物体，学会科学测量物体长度，并能归纳长度测量注意事项，明白树立好方法对学习的促进作用；

（5）应用长度测量注意事项，分析塑料刻度尺制作外形特点。

（二）教学过程设计

根据四阶学习环探究模式，本节概念教学过程设计如下：

（1）用学案形式呈现以下思考问题，并记录自己的想法。

①你知道日常生活中的哪几种测量？

②这些测量是为了达到什么目的？

③试着用自己的话说说测量是什么？

让学生独立思考这组问题并记录，2分钟后四人为一小组展开交流，组员相互评价并形成小组统一观点。第一问让学生通过回忆唤起已有认识；第二问需要分析具体事例并在对比中分析出测量意义，如果学生不能得出，可以用测量跳远距离、测量两块肉轻重、测量跑完50米用时来引导学生得出——测量就是为了"区分差异"；第三问重点不在于学生回答，更在于激发学生后续探索，形成设问指引学生开展后续探究。从四阶学习环探究模式而言，这就是"评价阶段"，通过这些问题一方面唤醒学生原有相关知识和生活经验；另一方面也便于教师评价学生的知识和能力，为下一环节针对学生实际开展有效教学做准备。

（2）师：看来同学们也难以一下子说出"测量是什么"，那让我们试着从长度测量入手加以研究。测量的目的是比较，就让我们试着从别的长度比较方法中寻找一些共性加以概括吧。

任务一：请用测量以外的方法，区分绑在不同窗户的木板哪一边长、哪一边短。每人先自己设计，2分钟后再以四人小组为单位讨论完善方案。

（任务用PPT呈现，两板长度相近，难以一眼看出）

……

（完成任务并概括出测量是"与相同标准进行比较"的本质后）播放视频——《长度单位史话》。

巴曼在三环学习模式的基础上提出的四阶段学习环探究模式，更多针对的是具体概念的建构，故将第二个环节命名为"调查阶段"。但抽象概念的建构不同于具体概念，不仅要了解概念提出的现实意义，还要了解概念提出的科学思维及概念提出的科学方法，并非只是简单查阅资料即可，更需要引导学生按照科学的思维模式，采用合理的科学方法分析、探索，进而最终提出概念，故对于抽象概念而言，此"调查阶段"不应只是单纯查资料式的调查，还应该包括实验探索等其他多种形式。

该环节的设计就是让学生根据以往经验，通过自己动手尝试，设计总结出两木板直接比较和借助笔、张开手掌（张开的大拇指和中指距离称为"一拃"）等间接比较两种方法，进而追问"如果两木板不是同时出现，或在野外两地还能区分长短吗"，引导学生对原有间接比较进行完善——统一用长度固定的物体作为间接比较对象（一支中华铅笔、一张银行卡、一张百元人民币等）。这种"生活经验→现象分析→抽象归纳→下操作性定义"的过程就是对科学思维的锻炼，就是在培养学生学科核心素养。

根据黑板上书写的间接比较结果和测量结果比较，引导学生概括出"测量就是与相同标准进行比较"，播放视频后，结合之前探究结果提出测量的定义，并将长度测量推广到天平测质量、摆钟测时间，实现测量概念完善修正，以此设计作为四阶学习环模式的"对话阶段"，引导学生完成"测量"概念的建构。让学生认识长度标准演变历史、理解国际单位制重要性，体会科学知识是暂时动态性的、是探究中不断修正的科学本质，激发学生学习科学的兴趣。

（3）师：从视频中，我们了解到长度测量都是以1米作为标准进行比较的，所有的长度测量都是1米的多少倍，也就是说长度的单位就是长度测量的标准。那么，平常我们还见到过哪些长度单位？单位换算时有何方法？请完成学案任务二。

屏幕上呈现以下内容（图2）：

任务二：

1. 请在下列数字后面填上合适的长度单位：
   ①小明今年才十六岁，可身高已达173_____；
   ②小明的爸爸今年四十岁，身高也只有1.69 _____；
   ③我的科学课本长168_____；
   ④我们学校操场的跑道为200 _____；
   ⑤我们的床单长2_____，宽1.5_____；
   ⑥我的拇指尖与小指尖的距离约为15_____；
   ⑦上海明珠广播电视塔高568 _____。

2. 完成下列单位的换算：
   ① 50 分米=_____千米=_____米=_____厘米=_____毫米
   ② 20 毫米=_____分米=_____米=_____厘米=_____微米

3. 思考：
   都有哪些长度单位？单位换算时有何方法？

图2 教学屏幕显示任务图

四阶学习环探究的"对话阶段"本意是通过学生和教师之间直接对话，将调查所学的概念表达出来，让教师可以据此对学生学习进行评价。但这种形式容易成为概念的记忆而非建构，且难以使学生对掌握的概念进行深层次的理解，故对抽象概念的教学更要采用问题分析等多种形式。

本环节设计，让学生利用生活经验和已有知识完成三个小题。第一小题的设计是想告诉学生，科学学习是建立在日常生活和自然现象的基础上的，分析科学问题一定要基于现实情境；其次，引导学生总结出估计教室高、床单长等不熟悉的物体长度的方法并与熟悉长度的物体相比较，这是对测量概念的一种灵活运用，即四阶学习环探究的"运用阶段"。第二小题长度单位换算已在小学数学学过，此处只是温故，并借此引导学生有规律地总结长度单位（从大到小）、归纳单位换算的方法，一方面将学生自己努力一下能学的部分留给学生；另一方面引导学生分析事实性知识背后的规律，将零碎的知识结构化，提升学生思维能力。

（4）师：发给你们每个小组的测量工具和屏幕上呈现的都是刻度尺，请问你们觉得什么是刻度尺？（图3）

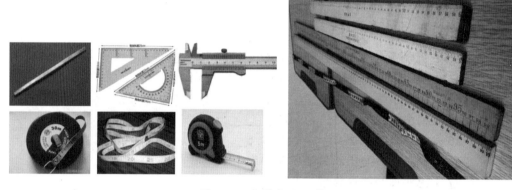

图3　不同刻度尺一览

让学生通过观察，寻找这些工具的共性，自己试着将经验性知识进行理论提升，给刻度尺下一个操作性定义。此处的设计主要是让学生体验科学研究的方法，也是对科学本质课堂的一种表现形式。

（5）任务三：请同学们以小组为单位，利用所提供的刻度尺测量学案纸的长度，并说出你的测量过程分为哪几步，以及分析每个步骤的原因或注意事项。

　　让同学们通过自己操作实验，将长度测量的整个过程进行分解，并记录在学案上，这就是探究学习的"调查阶段"。

　　"对话阶段"以一个组的发言为主，其他组学生补充。将学生整理出来的步骤按照"选—放—看—读—记"的顺序进行记录，将零散的操作原因或注意事项记录在操作步骤之后，同时在操作分析的过程中穿插进行量程、最小刻度、估读的介绍，如：

　　生：拿这把刻度尺（量程为40厘米，最小刻度为1毫米）进行测量……

　　师：为什么不挑另外两把木尺？

　　生：一个太长不方便——（量程不合适）；

　　另一个1厘米以下只能估计——（最小刻度太大，测量不够精确）

　　……

　　师：如果将这张纸固定在某一高度（竖着贴到黑板最高处），你用厚的刻度尺有什么弊端？

　　生：斜着读数，不准了。

　　师：如何克服这个弊端？

　　生：把刻度尺侧过来。（如果学生没想到就直接演示，让学生试着用语言表述——刻度线紧贴被测物）

　　……

　　最后将测量步骤概括为"选—放—看—读—记"，引导学生认识到"科学源于生活、高于生活"，科学需要对实践中产生的"经验性认识"进行理论提升，形成有指导价值的经验规律，实现基于科学本质的情感态度价值观目标。

　　（6）任务四：仔细观察塑料尺（图4），说说有什么独特的设计能帮助更好地实现测量的操作要求。

图4　塑料尺

此处设计基于四阶学习环模式的"运用阶段"。让学生用所学的测量知识，解决现实问题，注重学生观察能力的锻炼，这也是科学与生产技术的结合，是STEAM理念在本节的一种应用。通过观察现象和知识对比，实现"研究现象—科学知识—解释现象"的科学知识发展过程。

四、实践与反思

（1）如何让核心素养引领初中科学概念教学？课题组也前后反反复复经历不断调整方才形成共识。以本节"科学测量"为例，课题组经历三个阶段：最初，因一节公开课需要开始想方设法突破"测量"教学，但想了很多办法仍无法跳脱传统的直接告知概念再举例解释的陈旧模式，依然是演绎思维模式的又一次重复；之后，在核心素养理念的启发下，开始重点设计"测量"概念的建构，经过几次讨论，最终形成以实际长度比较问题为载体，以生活经验基础上的问题解决为突破口，用四阶学习环探究模式实现"测量"概念的建构；第三阶段，课题组将四阶学习环模式再次应用到长度测量步骤上，实现一节课中更高效的能力和品质培养效果。最终，整节课以"测量"概念和"长度测量步骤"两个重点为核心，两次开展四阶学习环探究模式，将科学观念、科学探究、科学思维以及科学态度和社会责任以探究的形式融合到学生的学习活动中。

（2）很好地实现了既定教学目标。从实验探索、概念建构到概念应用，激发了学生学习的兴趣，整节课学生完全做到了全员参与。经过一节课的学习，学生不仅掌握了科学知识，训练了基本技能，更关键在于能自主思考、分析现象，通过使用归纳、分析、比较等一系列科学方法自主建构概念并总结得出结论，感受了科学研究的艰辛和魅力，使知识学习背后的科学方法、科学思维得以锻炼提升。可以说，正是借助于两次四阶学习环探究模式的教学过程，更好地培养了学生的关键能力和必备品质。

（3）四阶学习环探究模式的最大特点是学生对于所学知识有一定认识基础，也能对所学内容进行一定的自主探究学习，因此笔者第一次试着将该探究学习模式应用于"科学测量"这一入门学习内容。正是因为学习内容的不一致，原模式中的"调查阶段"准确地说应该是"实验探索阶段"，其模型如图5。

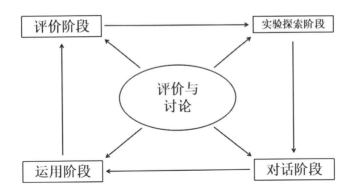

图5　实验探索阶段模型图

在此基础上，将四阶学习环探究模式教学应用于"质量的测量""机械运动——参照物""简单机械——杠杆"等课例，也取得了非常好的效果。

【参考文献】

[1]陈志伟，陈秉初.中学科学教学论[M].北京：科学出版社，2012.

[2]陈锋.初中科学概念教学范式的创新研究[M].上海：上海教育出版社，2018：6-7.

[3]曹宝龙.教育目标、课程教学与学生素养发展[J].中国德育，2017（10）:46-51.

一心四环：基于模型认知的问题解决教学研究

——以"运动与力"复习教学为例

【摘要】 基于模型认知的问题解决教学研究提出了以科学模型为中心载体，从认知对象、认知角度、认知方式和研究问题四个环节建立有迹可循的、稳定普适的科学思维方式，以解决真实复杂的问题。本文以"运动与力"复习教学为例，介绍什么是基于模型认知的问题解决、如何解决复杂的问题、如何开展教学。

【关键词】 模型认知；问题解决；复习教学

一、问题提出

复习是教学必不可少的环节，对于知识的查漏补缺，促进知识深度理解，提升知识的应用，培养学生各种能力具有重要作用。但复习课常存在以下问题，致使知识被孤立，学习变浅显，更加缺乏科学思维的培养。

（一）复习定位不清

复习课目的不明确，经常把复习课变成简单的问题阐述，阐述知识、阐述解题过程，而非梳理知识、归纳提炼思路方法。

（二）复习层次低浅

复习只是一味地简单重复罗列各种知识点，后通过抽查、复述、背诵等活动加以巩固，其本质只是知识的简单记忆，甚至解题也是靠记忆过程而非培养思维。

（三）复习形式单一

复习形式只有单纯梳理知识、反复做习题，上课只有教师讲学生听，日复一日枯燥无趣、毫无挑战性。

（四）复习缺乏针对性

复习课内容多、任务重，为追求面面俱到，常忽视侧重，忽视学情，致使效率低下。

为提升复习效率，培养学生科学思维，需要深入研究学生认知方式和解决问题的心理机制及思维特点，通过不断实践探索更加有效的教学策略。

二、概念界定

（一）模型认知

模型认知是指通过分析、推理等方法认识研究对象的本质特征、构成要素及其相互关系，建立认知模型，并能运用模型解释化学现象，揭示现象的本质和规律，简言之就是一种以科学模型为中心载体的，有迹可循的、稳定普适的科学思维方式。

模型认知包括科学模型和科学思维两部分。前者是认识的对象，是科学思维的载体，如电学中的电路图、原子结构模型、溶液中构成模型……；后者是模型认知的主体，为认识事物、解决问题提供了方向的指引。

（二）基于模型认知的问题解决

基于模型认知的问题解决，无论是分析、推理、归纳事物的构成要素、本质特征、相互关系，进而通过建构合适科学模型认识事物，还是利用科学模型预测解释现象、处理实际问题，都应选取一定的认识角度，利用相关科学知识，建立起一种规律、稳定、普适、系统的认识方式，以解决纷繁复杂的具体问题。

基于模型认知的问题解决应以科学模型为中心载体，由认知对象、认知角度、认知方式、研究问题四个环节组成科学思维方式，其关系如图1。

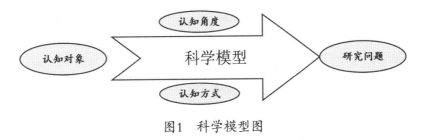

图1　科学模型图

1.科学模型

科学模型是研究客观事物过程中抓住事物的主要因素，忽略次要因素，突出事物本质要素、特征，建立起对客观事物抽象的、简化的、概括的印象。基于模型认知的问题解决中，模型是科学思维的载体，应尽量反映决定事物变化的影响因素。以反映运动和力关系的模型为例，不仅要包括物体的受力分析，还应列出该情境下的运动状态，以便分析两类要素之间的关系。具体如图2。

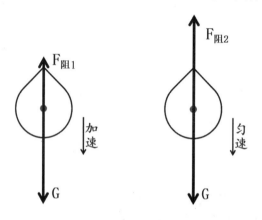

图2　两种空中下落雨滴的"运动与力模型"

2.模型认知的四个环节

认知对象是指各知识以及知识之间的内在关系。认知对象是解决问题的基础和前提，只有深度理解知识及其相互关系，方能熟练甚至创造性地解决具体问题。如：弹力、重力、摩擦力、浮力等力，力的三要素，力的影响因素，牛顿第一运动定律，二力平衡条件、运动状态……

认知角度是反映认知对象之间的宏观关系类别，如分析物体的运动情况，有力、能量、动量三大认知角度。认知角度不同于认知对象中知识间的内在关系，认知角度是各要素间以因果关系为主的整体关系。如：运动与力中"力决定运动状态""力的影响因素决定力"两个认知角度。

认知方式是基于科学模型，选取合适认知角度在已知信息与未知目标间建立关联的某种普遍的、稳定的分析推理过程，是模型认知的核心环节，体现了问题的解决能力，也是教学活动中的核心任务。如：可通过二力平衡的认知角度确定滑动摩擦力大小，也可通过滑动摩擦力大小影响因素确定其大小。

研究问题是整个认知过程的目的，有鲜明的学科特征。科学研究以真实客观自然世界为对象，研究对象并非孤立存在，而是与周围其他事物存在普遍联系，同时自身内部也包含多个维度，这就决定了研究问题往往有客观真实、综合复杂、表述生活化等特点。

具体到运动与力的复习，基于模型认知的问题解决各要素关系如图3。

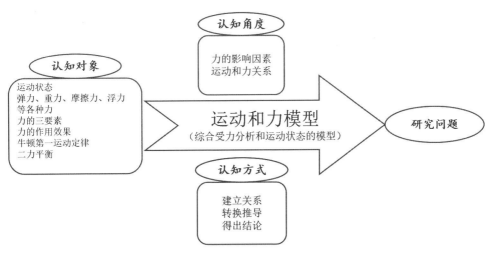

图3 模型认知问题解决各要素关系图

三、教学设计与实施

基于模型认知的问题解决复习教学以大概念教学理念指导整体设计，通过一系列不同层次的任务，回顾零碎的知识，建构完整、系统的认知对象体系，进而确立认知角度，形成以科学模型为中心、稳定普适的解决复杂问题的认知方式。

（一）建立简洁概括、全面的科学模型

模型是基于模型认知的问题解决的中心载体，建立合适的科学模型，能更好地理解研究问题的情境条件，有助于寻找组成要素之间的关系，创造性设计问题解决方案。为此，建立的科学模型重点要做到以下几点。

（1）针对每个情境建立模型。

科学模型的建立源于真实的客观情境，随着情境条件改变，科学模型中相应的组成要素也发生改变，因此建立模型需要针对每一个稳定的情境，如静止状态时、直线运动状态等要素不变的情境；也可以稳定变化的情境，如受到不变的非平衡力作匀变速运动的物体等；还可以是变化过程中某一瞬间的情境……如：

例1：如图甲所示，水平地面上的一物体，受到方向不变的水平推力F的作用，F的大小与时间t的关系和物体的速度v与时间t的关系如图乙所示。

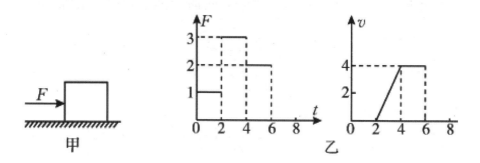

①由图像可知，当t＝1s时，物体处于＿＿＿＿＿＿＿＿＿状态。

②当t＝3s时，物体受到的摩擦力为＿＿＿＿＿＿＿＿＿。

③当t＝5s时，物体受到的摩擦力为＿＿＿＿＿＿＿＿＿。

在这一经典问题中就存在3个情境状态—— 0～2秒、2～4秒、4～6秒，基于模型认知的问题解决需要针对这三个情境状态建立3个科学模型。

（2）建立科学模型要简洁概括。

解决问题要突出决定事物发展的决定因素，忽略无关因素，使整个研究过程能排除无关因素的干扰，聚焦决定因素，建立因素之间的彼此联系，进而创造性设计问题解决方案。比如，在"运动和力"中采用以"运动和力"模型为中心载体进行分析，因初中阶段分析的物体都是静止或平动，在建立模型时要选取恰当的研究对象，忽略研究对象的形状、状态、组成结构等无关因素。如：

例2：为了直观验证阿基米德原理，设计如图所示的实验装置，把弹簧测力计上端固定在铁架台上，用粗铁丝做一个框，挂在弹簧测力计挂钩上。在粗铁丝框上端悬吊一个金属块，下端放一小杯。在金属块的正下方，有一个溢水杯，溢水杯放置在铁架台的支架上，溢水杯跟金属块、粗铁丝都不接触。

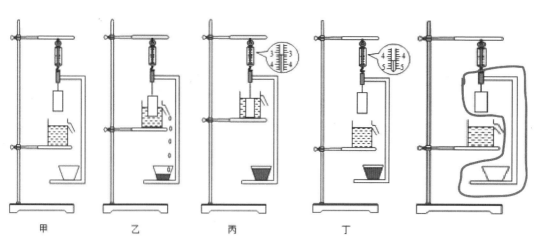

平稳缓慢地抬高溢水杯支架，使金属块完全浸没水中（如图甲→乙→丙）。在此过程中，弹簧测力计示数：$F_甲$ _____ $F_乙$（选填">""=""<"）。

本问题分析的关键在于选择哪个作为研究对象，一旦选定右图方框部分作为研究对象，问题立马能迎刃而解。

（3）建立科学模型要全面。

全面性不仅包括针对每个情境建立相应的科学模型，更在于每个模型的组成要素、要素间相互关系要完整全面，同时为更好地建立各要素之间的关联，需要将已有和已经能推导出的相关要素记录在科学模型的适当位置。如：

在解决例1问题时，我们建立了以下的科学模型（图4，可命名为"运动与力"模型，包含了研究对象受力分析和运动状态两方面信息）。

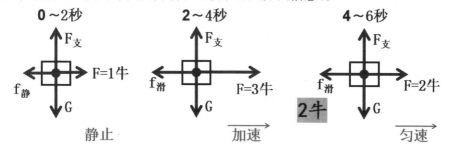

图4 "运动与力"模型示意

建模过程中，我们先针对0～2秒、2～4秒、4～6秒三个情境状态分别建立科学模型，然后根据问题中已知信息做运动与力模型两大类要素受力分析、运动状态分析（静止、加速、匀速），再将问题中剩余已有信息标记在模型相应位置（图中拉力大小）。

（二）建构系统、结构化认知对象

认知对象即各种科学知识以及各科学知识之间的内在关系，是解决各种具体问题的基础，只有熟练掌握各种知识，清晰建构知识之间的关联，深度理解知识产生的原因、应用条件、应用方式，方能创造性地形成问题解决方案。

1.以任务为导向，促自主学习

学生是学习的主体，只有发挥学生的主动性，引导其深度思考，才能实现知识内化，才能提升学习效率，以任务为导向的教学能最大限度促进学生自主回忆、分析、关联、概括、建构知识，为后续复杂问题的解决奠定扎实基础。如：

任务：

（1）请利用以下物品创建物体不同的平衡状态。方法多多益善。（一个密度略大于水的圆柱体、一大杯浓盐水、一小杯清水、一个弹簧测力计、一块木板）

（2）如何通过一个简单操作打破平衡状态？

（3）说说你创建的每个情境中，为什么物体初始能保持平衡，后又会打破平衡？试通过图形、关系图等多种形式记录彼此关系。

开放性任务能引导学生主动分析平衡状态是什么、平衡状态的条件、力产生的条件、影响力大小的因素等各个知识，进而通过图形等形式建立知识之间的联系。将原本零碎独立的知识建立起联系，将被动记忆变成主动建构，促进知识的真正增长。

由此可见，首先，导向性任务要简单，因为复习不仅要面向全体学生，而且内容包括了大量知识的记忆和简单理解；其次，导向性任务要宽泛，只有宽泛的任务才能引导学生复习各个知识及其相互关系，才能引导学生全面回顾知识、建构知识体系。

2.结构化系统化知识，促深度理解

以任务为导向唤醒大量零碎的知识及其关联后，需将知识进行结构化、系统化梳理，即实现知识复习全覆盖，更形成与思维习惯相一致的知识体系，促进深度理解。以力的复习为例，可进行如表1所示结构化、系统化梳理。

表1　力的系统复习表

力	弹 力	重 力	滑动摩擦力	静摩擦力	浮 力
产生	物体因形变而产生	地球吸引	两接触物体发生相对运动	两接触物体发生相对运动趋势	液（气）体对浸入其中物体产生上下压力差
施力物体		地球			液体、气体
受力物体		地球附近的物体			浸入的固体、液体、气体
大小	形变程度(弹性限度内，形变越大弹力越大)	$G=mg$	受压力大小、粗糙程度影响		受 $\rho_液$ $V_排$ 影响 $F_浮 = \rho_液 g V_排$
方向	恢复形变的方向	竖直向下	相对运动方向相反	相对运动趋势相反	竖直向上
作用点		重心			

通过表1，从力的产生、施力物体、受力物体、力的大小、力的方向、力的作用点等维度结构化、系统化全面梳理力的相关知识，清晰牢固地辨析了力的各种知识，为后续设计问题解决方案打下扎实基础。

（三）概括清晰独立认知角度

认知角度反映认知对象之间以因果关系为主的宏观关系类别，决定了基于模型认知的问题解决方向。复习教学中，认知角度的梳理、概括是与认知对象同时进行的，但又不同于认知对象，其建构过程有两大特点。

1.以大概念为指导

在具体问题中，每个事物往往关联多个事物，意味着可从多个认知角度认识分析事物，这就需要我们根据研究实际先选择一个方向作为核心认知角度，再以此为中心配以其他认知角度作为补充。如，在初中科学的运动与力问题中，主要关于力的认知角度，又可细化为两个方向——"力决定运动状态"和"影响因素决定力"，其中前者是解决力问题的核心认知角度，后者是辅助认知角度。具体如图5。

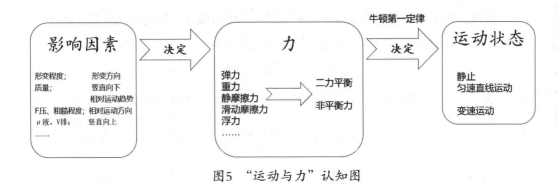

图5 "运动与力"认知图

具体到例1中分析第3秒、第5秒时受到的摩擦力大小，以"力决定运动状态"这一核心认知角度分析三种情境下的科学模型，根据0~2秒、4~6秒两个情境状态中物体处于平衡状态（静止、匀速直线运动），可得到这两个状态下$f_{静}$=1牛、$f_{滑}$=2牛；而2~4秒情境状态中不能用这一核心认知角度分析，需调用"影响因素决定力"的认知角度分析，从而根据与4~6秒对比，压力大小、粗糙程度两因素不变，故而滑动摩擦力保持不变，仍为2牛。（图4）

2.因果关系为重点

认知角度决定了解决问题的方向，而问题解决的过程就是从收集已有条件信息、利用知识间的关联，到推理得到目标的过程，而这个过程中推理是关键，这就决定了指明问题解决方向的认知角度应该以因果关系为主，同时梳理形成具有高度概括性的关系体系。如上述核心认知角度是"力决定运动状态"，而非"具体某个力决定运动状态"。

（四）理解复杂多变的研究问题

复杂多变是科学问题的一大特征，科学问题往往用生活化的语言描述多个相互联系的物体在多种变化的情境状态下的现象，如何把具体问题抽象为科学模型化的问题，往往成为很多人解决问题的关键。

1.显现已有信息

科学研究问题往往用通俗易懂的生活化语言描述，但问题的解决却要用科学逻辑推理，因此，除了直接能获取的信息，怎样将生活化语言转化为科学表达方式，以有利于用科学知识、科学方法解决问题，则成为问题解决中很关键一步。如："光滑地面"意味着没有摩擦力，"轻质细绳"意味着质量重力不计，"缓慢移动"意味着速度很小的匀速直线运动，"冰块融化"意味着质量不变……

2.量化问题目标

科学现象基本都可以用物理量进行定量描述，将问题转化为相应的物理量，即量化研究问题，为问题解决设立了目标，在解决问题时显得尤为重要。如：

例3：如图所示，一质地均匀的圆柱形平底玻璃杯置于水平桌面上，杯内水中漂浮一冰块，冰融化后杯内水面变化情况怎样？

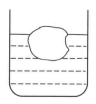

很多学生研究此问题常感到束手无策，关键在于不理解问题的目标在哪，即水面变化是哪个物理量的反映。水面变化与冰块融化之间无法建立解决问题的联系。这就需要我们能将研究问题"水面变化"转化为我们所熟悉的某个物理量，经过分析可知水面变化就是水面以下总体积的变化。

（五）固化灵活普适的认知方式

建构认知对象要夯实基础、梳理认知角度以明确方向，理解研究问题以设定目标，在此基础上对科学模型开展分析，建立灵活、普适的认知方式，从而解决各种复杂的真实问题。

1.认知方式普适化

普适的认知方式意味着其不仅适用于某一个具体问题，还适用于一类问题甚至所有问题，只有适用面广才能成为一种指引性思维方式。具体到运动与力，基于模型认知的问题解决主要基于以下四个步骤的认知方式：寻找稳定的情境状态、对每个情境建立运动与力模型、根据运动与力认知角度建立关系、根据研究问题需要展开分析。

以例3的问题解决为例，四步式认知方式具体如下：

首先，根据研究问题画出稳定的情境状态，本问题有冰融化前浮在水面上（图6）、冰融化成水（图7）两个情境状态，从而能更好地理解决定水面变化的物理量：水下体积$V_水+V_浸$与$V_水+V_{化水}$之间关系；

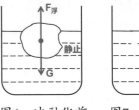

图6　冰融化前　　图7　冰融化后

其次，根据研究问题的需要对每个情境中的物体建立运动与力模型，即对冰进行受力分析并标明"静止"状态；

再次，分析模型中所描述的运动与力，从"力决定运动状态"的认知角度，根据二力平衡可建立相应关系$F_浮=G_冰$；

最后，再结合"$\rho_水$、$V_排$决定浮力大小（$F_浮=\rho_水 g V_排$）"的认知角度分析可得$\rho_水 g V_排=G_冰$，即$V_排=G_冰/(\rho_水 g)$。

同理，分析融化后水的体积$V_{化水}$，则以先理解问题时建立$m_{化水}=m_冰$关系为基础，再结合"$m_{化水}=\rho_水 \cdot V_{化水}$"这一认知角度，分析得到，由此发现$V_排=V_{化水}$，即水面不变。

2.认知方式灵活化

将一套认知方式适用于复杂多变的具体问题，必是在遵循大方向基础上，根据具体情境进行灵活处理。如有些问题解决只需要三步不需要四步，再如"建立关系"中，重在建立起等式关系，至于所设物理量则可灵活处理，如例3中$V_排=G_冰/(\rho_水 g)$，也可以$V_排=m_冰/\rho_水$。

综上所述，"四步式认知方式"通过分析科学，让科学思维的发展有所依附；理解研究问题、确立目标，让科学思维发展不再盲目；规划问题解决认知角度，让科学思维有迹可循。

四、基于模型认知的问题解决教学的意义

（1）认清知识的关联和结构，整体性、系统性构建知识体系，提升知识理解能力。

以科学知识为主体的认知对象是认知模型的基础，通过对经典抽象问题的分析，梳理具体知识点，回顾分析知识来源，寻找知识间的关联，建立知识结构，概括问题解决的思维结构，复习实现知识体系的完整性、系统性，促进学生对科学知识理解提升到新高度。

（2）系统梳理问题解决的方式，形成普适、稳定的解决问题的科学思维。

突破科学问题解决中"一题一法"的局面，以经典问题分析为基础，系统梳理问题解决过程中的认知角度、认知方式，形成科学稳定的问题解决思维方式。在千变万化的陌生情境、全新问题中，帮助学生确立基于一定认知角度的特定分析路径和认知思路，有效提升系统化解决问题的科学思维能力，而非某个问题零碎、孤立的解决能力。

（3）帮助教师更好地把握整体教学目标，便于系统设计问题任务和教学活动。

基于模型认知的复习教学为教学目标、教学活动、问题任务等整个教学过程设计了相对完整清晰的路线，每个环节的教学目标、实现目标的任务、课堂教学中实现任务的教学形式、完成任务后的评价等方面都变得有迹可循，从而更好把握教学目标，更能选取合适的指向核心素养目标的培养。

（4）教学评价及时且有针对性，有助于提升课堂教学效率。

模型认知的复习教学以具体复杂问题解决为目标，整个过程细分为认知对象、认知角度、认知方式以及研究问题四个环节，这样更有利于评价学生在认知过程中哪一环节面临困难，有利于教师及时通过课堂追问、类比等形式引导学生选择合适的认知角度，建立有效的认知方式，从而提高教学和评价的实效性、针对性，促进学生认知发展和能力提升。

【参考文献】

[1]曹宝龙.物理模型的建构与教学建议[J].物理教学探讨,2016,34（05）:1-5.

[2]中华人民共和国教育部.普通高中化学课程标准（2017年版）[S].北京:人民教育出版社,2018.

基于PTA量表的精准评教
在科学探究教学中的有效应用

【摘要】 创新性地将智能平板终端用作学生自主评价的载体而非以往教学中呈现问题的载体，以PTA量表为工具，开展针对科学探究过程的科学、清晰的表现性评价，引导学生根据需要开展个性化学习，进而自主分析问题、解决问题，培养学生核心素养。

【关键词】 大数据；PTA量表；精准；科学探究

一、研究背景

20世纪60年代美国学者奥格登·林斯利（Ogden Lindsley）提出精准教学的理念。近些年，借助大数据技术发展，全面收集学生学习表现，精准开展学习评价，实现差异化教学和个性化学习的教学新模式，被称为"大数据精准教学"。相比于传统教学，大数据精准教学能让教师更准确了解学生情况，指导教师改进教学策略，及时开展更富针对性的教学，实现真正意义上的因材施教。然而，现有的大数据精准教学往往徒有其名，大数据技术与教学难以融二为一，教学效果差强人意。

（一）教学评价形式单一，缺乏灵活性评价

基于大数据的精准教学始于精准评价，现实中常将原来纸质作业电子化，借助客观题系统评分、主观题教师评分，生成针对单个学生或单个习题的数字化评价报告，为后续教学决策提供精准依据。相比传统教师人工批阅，大数据精准评价更精准直观但也仅限于精准，将评价限于教师教学决策的依据，未发挥学生

自评、同学互评等形式，割裂评价与学生的关系，忽视评价作为学生学习的重要组成部分，不利于学生分析问题、解决问题等关键能力的培养。

（二）教学评价针对结果，缺少过程性评价

现实中很多大数据精准教学往往将书面纸笔测试进行电子化转变，以此开展的教学评价往往过多聚焦学习结果，进而使大数据评价体系设计成终结性评价而非过程性评价。而大数据精准教学，精准评价只是手段，精准教学才是目的，评价应成为精准教学的前提和保障，要摆正评、教两者关系，发挥大数据精准教学的优势，关注学生学习的过程，关注知识的建构、应用中思维的发展、科学方法的使用等。

（三）教学对象面向整体，缺少个性化教学

大数据精准教学能通过全面、详细收集诊断性评价中的数据，生成针对每个学生、每个学习要素的精准评价报告，以此为基础开展的教学不仅比以往基于教师经验和对学情定性判断的教学更有针对性，也为开展因人而异的精准教学创造了条件。但在现实的教学环节中，教学活动却依然只面向整体学生一种类型，只是在教学的内容、定位的精准度上有所提升，缺乏针对不同学生层次、不同教学形式的个性化教学，使教学有小精准而无大精准。

（四）教学策略简单替代，缺乏应用必要性

教师过度关注技术应用而非教学本身，为应用技术舍弃简便易用的纸面训练、投影展示、举手统计等有效的传统教学方式，转而一味盲目地、毫无必要地将传统教学转移到智能平台，不仅没有达到技术创新教学的效果，反而使简单问题复杂化，甚至用另一种形式固化传统教学的弊端，教学效果更是不升反降。

有效的大数据精准教学应聚焦培养学生核心素养，采用全方位、多形式的评价避免评价单一僵化，采用有针对性的个性化精准教学避免教学灌输，改进传统教学决策机制，真正促进教学质量。为此，笔者将大数据精准教学的理念应用于科学探究教学，实现了基于PTA量表的精准评教在科学探究教学中的有效应用。

二、基于PTA量表的精准评教设计

（一）PTA量表的理念和设计

PTA量表法全称"基本要素分析法"（Primary Trait Analysis），是一种主要用于

开放性作业评价的评分工具。通过将学生学习知识、运用知识技能解决问题时的行为表现分解成若干基本要素，并对每一要素进行评价，最后汇总并评定学生的总体行为特征。所以，PTA量表法更多地评价的是学习的过程，而非学习的结果，也有利于根据评价因人而异调整教学决策，为实施个性化精准教学提供可能。

PTA量表实施关键要确定组成学习行为的基本要素和划分科学合理的评价等级，具体而言，大致可分为三个步骤：①根据教学目标确定对评价起重要作用的要素；②将评价的基本要素划分为2 ~ 5个评价等级；③对照量表要素对学生的学习行为表现开展评价。

（二）基于大数据的PTA量表精准评教设计

基于大数据的PTA量表精准评教是以利用学校大数据分析平台及其相关智能学习平板终端为基础，以融合评价与引导双重功效的PTA量表为手段，组织学生积极开展学生自评、小组互评，让学生在教师语言、智能平板等多种方式引导下，继续深入探究，使整个学习过程经历实践、评价、改进、再实践等多种学习形式，不仅实现知识学习、技能提升，更培养学生发现问题、分析问题、解决问题的思维方式，促进学生核心素养的培养。其实施的流程具体如图1。

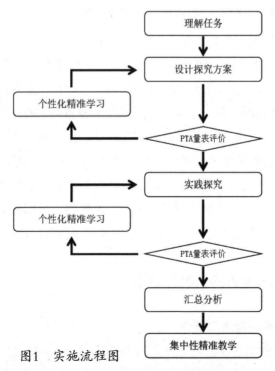

图1　实施流程图

三、基于PTA量表的精准评教实施

（一）基于PTA量表的精准评教设计

以往的教学中，智能学习平板终端一般被用作学生学习的媒介，大数据分析系统则参与学生的评价，基于这样的定位，无论怎么设计教学，智能学习终端的功能都被桎梏在代替传统测试中的纸笔和便捷收集评价数据两项，但老师和学生却认为其远远不如纸笔便利和具有熟悉感，为准确分析评价数据却牺牲学生学习、教师批阅评价的便利性，综合而言教学效果差强人意。

为保留传统教学中原有优势，兼具大数据分析在精准教学中的独有作用，本研究将智能平板终端创造性地用于PTA表现性评价而非学生习题训练载体，实现学习过程性评价、个性化精准学习合二为一。具体以浙教版《科学》八年级第四章第6节《电流与电压、电阻的关系》课堂教学为例，阐述设计步骤和流程，如表1所示。

表1　《电流与电压、电阻的关系》课堂教学设计步骤和流程

环节	教学任务	学习活动	设计意图
引入	活动： 请设计一个能说明电流存在的简单电路。	连接电路并展示，介绍指示电流存在的证据（如：灯发光）。	以具体活动做引入，注重学生问题解决能力的培养。
理解任务	任务一： ①改进电路，使小灯泡的亮度可调节。 ②用所学知识分析，通过哪些方法能调节通过灯泡的电流。	①改进电路并展示，介绍具体操作及其背后电学原因（如：通过改变电压、电阻）。 ②提出科学探究的问题。	再现真实情境，让学生在真实体验中提出问题、建立假设猜想，不由自主开启科学探究。
设计探究方案	任务二： 请根据任务一提出的问题，设计探究方案，并记录在学案纸上。	学生分步设计探究方案并记录在学案纸上。	记录探究方案在学案纸上，便于根据PTA量表进行评价及改进。
PTA量表评价、个性化精准学习	根据PTA量表评价探究方案，在评价的同时改进探究方案。 （预先在智能终端建立以PTA量表为主的个性化精准学习资料，供学生在PTA量表评分低时开展个性化精准学习，具体见下表2）	学生自主评价设计方案，并根据评价中智能终端推送资料开展个性化精准学习，进而改进方案。	以量表为依据开展评价，针对评价中得分较低要素提供个性化精准学习素材，促进薄弱学生学习，将教学目标从应用、分析维度提升到评价维度，促进学生高阶思维的发展。

续表

环节	教学任务	学习活动	设计意图
实验探究	任务三： 请根据完善后的方案，连接电路，探究影响导体中电流大小的因素。	学生根据探究方案连接电路进行实验，设计表格记录实验结果，分析并记下实验结论。	用实验培养学生动手实践能力、观察分析能力和解决问题的能力。
PTA量表评价、个性化精准学习	根据PTA量表评价实验操作的规范性、观察记录实验结果的准确性，分析得出结论的合理性。（预先在智能终端建立以PTA量表为主的个性化精准学习资料，供学生在PTA量表评分低时开展个性化精准学习，具体见下表2）	学生自主评价电路连接操作过程并根据评价结果开展个性化精准学习，准确连接电路并测量，再记录数据并分析得出规范的实验结论。	以量表为依据开展评价，针对评价中得分较低要素提供个性化精准学习素材，促进薄弱学生学习，强化实验操作规范意识、自主探究意识和能力。
面向全体精准教学	成果展示： 请每个实验小组展示探究方案，介绍实验步骤和结果等。	①学生聆听展示小组汇报，并结合自己的探究活动提出意见、疑问。 ②教师根据PTA量表评价，提出具有共性的实验注意事项及实验操作原因供学生交流讨论。	根据PTA量表汇总，将学生探究活动中共性问题在学生交流中提出并突破解决，做到真正的精准教学。
总结	任务四： 请分别用数学关系表达"导体中的电流与导体两端电压成正比""导体中的电流与导体电阻成反比"	①学生写出 $I=kU$（k为常数） $I=k/U$（k为常数） 的关系。 ②教师根据学生得出的关系式汇总解释欧姆定律。	基于探究结论建构欧姆定律，深度理解欧姆定律的实质。

表2　探究导体中电流影响因素的实验操作PTA评价量表

评价分类	评价要素	评价等级 （是+1分，否0分）	个性化学习
电路连接	1.是否沿着电流方向连接电路；	是○　否○	
	2.连接电路时开关是否断开；	是○　否○	
	3.滑动变阻器接线柱选择是否一上一下；	是○　否○	
	4.是否将电流表串联接入电路；	是○　否○	

续表

评价分类	评价要素	评价等级 （是+1分，否0分）	个性化学习
电路连接	5.电流是否从电流表正接线柱流入，负接线柱流出；	是○　否○	
	6.是否选择合适的电流表量程；	是○　否○	电流表操作视频
	7.电压表是否最后并联接入电路；	是○　否○	
	8.电压表是否正接线柱与正极端相连，负接线柱与负极端相连；	是○　否○	
	9.是否选择合适的电压表量程；	是○　否○	电压表操作视频
实验操作	10.闭合开关前，滑动变阻器阻值是否最大；	是○　否○	
	11.是否进行试触；	是○　否○	
	12.是否根据实际调整电压表、电流表量程；	是○　否○	
	13.是否调节滑动变阻器滑片，进行多次实验；	是○　否○	
收集事实与证据	14.是否记录每次实验时，导体中电流、导体两端电压、导体电阻；	是○　否○	
	15.是否剔除实验记录数据中明显错误；	是○　否○	
得出结论	16.是否规范记录探究结论。	是○　否○	探究结论记录模式

（二）基于PTA量表的精准评教思考

1.摆正评与教关系，不越俎代庖

PTA精准评教实质是一种借助大数据开展精准教学的新模式，其核心仍然是促进学生学习、促进培养学生的核心素养，这与传统教学形态没有区别。但限于目前的技术，很多大数据精准评价为了获取评价数据，让学生直接在平板终端答题进行检测，不仅剥夺了学生圈、注、草稿等一系列答题技巧使用的权利，更给老师评价主观题造成各种障碍，无形中弱化了教学的核心地位，甚至出现教学为评价服务的畸形局面。

基于PTA量表的精准评教绝不越俎代庖，全面保留传统教学中的优势，始终坚定平板终端使用必须遵循奥卡姆剃刀原则——"如非必要勿增实体"，只将其作为学生自评和自评不合格时开展个性化学习的工具。通过平板终端开展学生自评，即最大限度利用了课堂学习的碎片化时间，同时通过提供评价标准引导学生开展评价维度的学习，促进学生高阶思维发展，真正培养学生的核心素养。

2.细分表现性任务，评价科学易操作

PTA精准评教模式的基础是评价，关键在于评价标准设置的科学性和易操作性。评价标准科学性，是要根据教学目标制定评价内容和标准。如《电流与电压、电阻的关系》一节的教学目标包括：①会设计探究电流与电压、电阻关系的研究方案；②会根据研究方案控制变量开展实验并规范记录数据；③能从实验数据找出正比、反比关系，进而总结出欧姆定律；④通过实验探究过程，巩固良好的实验习惯，善于观察实验现象，感受严谨实验态度，并能开展高效交流、相互合作。所以，编制PTA量表时，将科学探究方案设计的PTA评价量分为"科学探究方法""具体方案设计""探究电路设计"三块内容，将实验操作PTA评价量表分为"电路连接""实验操作""收集事实与证据""得出结论"四块内容。

评价标准易操作性，是要将评价内容细分为多个易于区分的表现性行为。由于PTA评价实施主体是学生，针对学习中表现出的易于区分的行为结果开展评价，既确保评价的客观准确性，又避免评价过程模糊甚至偏离正确的方向。比如：在"科学探究方案设计的PTA评价量表1"中评价"探究电路设计"细分为五个要素，且每个要素等级区分界线清晰明确。（图2、图3）

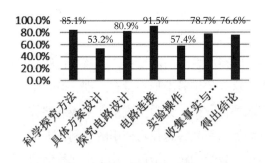

图2　各评价内容平均得分率

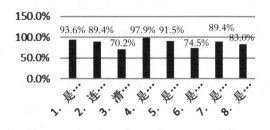

图3　"电路连接"评价要素的平均得分率

3.逐步呈现评价要素，注重培养科学思维

在核心素养理念下，初中科学课程不仅要促进学生了解知识掌握方法，更要培养学生分析问题、解决问题的思维能力。而学生思维发展与方法掌握的关系更像是战略和战术的关系，都需要在教师引导下发挥学生主观能动性，在不断的学习实践中才能提升。其中，教师的引导要有度，不可多也不可少。不多，防止剥夺学生自主思考的机会，如"科学探究方案设计的PTA评价量表"分为"科学探究方法""具体方案设计""探究电路设计"三项，使用时逐项呈现取代一次性呈现，让学生在每项评价后有机会自主修改方案；不少，避免学生无法得到修改方案所需的方向性启发，如"探究电路设计"的PTA评价要素采用先呈现要素"11.是否设计实验电路图"，学生点击"是"后再呈现剩余四个要素。

4.精准锁定学习困难，开展个性化教学

大数据精准教学不仅要针对班级整体开展精准教学，更要充分利用智能设备开展针对学生个体的个性化精准教学；不仅要针对学习内容掌握程度开展精准教学，更要对学习内容的学习方法开展精准教学，如"探究方案设计"要适度引导，注重思维培养，而"电压表规范使用"等知识、技能类个性化教学则提供直接示范讲解。

为此，事先要预估学生学习中可能未掌握的某些知识、方法、技巧做成相应的学习文档、图片、视频（带字幕的无声视频）等，通过平台设置让学生能从PTA量表中增设的"个性化学习"栏入口进入相应学习资料开展自主个性化学习。以学生自评后针对自身问题的及时个性化学习，发挥课堂学习的碎片化时间，提高学生学习效率，保证学生能顺利进行后续探究活动。

综上所述，基于PTA量表的精准评教有助于提升学生科学探究能力，规范学生实验技能，培养学生科学思维方式。但也存在学生注意力容易被平板终端分散、大数据平台开发对教师技术要求高等困境，需要在后续研究中努力解决。

【参考文献】

[1]潘华青.基于PTA量表法的表现性评价在实验课中的有效运用[J].中学物理教学参考，2014，43（12）:23-24.

[2]王素文.大学教学中的研究性学习：特点与模式[J].教育发展研究，2007（24）:29-32.

[3]熊善军.大数据可以为教师改进教学提供什么？[J].基础教育课程，2019（11）:27-33.

[4]董琼，肖珊珊.运用精准教学矩阵图让教学更精准[J].人民教育，2020（11）:58-60.

常态课背景下初中科学作业
讲评改进的策略研究

【摘要】　随着新课程教育改革的不断推进，如何在常态课中提升教学质量、更好地实现教学目标，已成为广大一线教师实践研究的方向。其中很多教师迅速将作业设计、作业批改作为常态课中实现科学教学目标的突破口，却很少有人关注作业讲评在常态课中所起的举足轻重的作用。本课题是基于作业合理设计和作业有效批改这一前提，探讨研究如何实现作业讲评课教学质量最大化。

【关键词】　常态课；作业讲评；改进

一、研究背景

（一）科学作业讲评课的重要性

科学作业的讲评是科学教学目标达成中非常重要的一个环节，作业讲评的质量将直接影响教学质量的提高。通过高效的作业讲评，不仅可以复习巩固所学知识，澄清学生在某些方面的模糊认识，提升学生知识的广度和深度，帮助学生更加完整地构建知识的结构，还能够促进学生思维、智力、兴趣、意志等方面的健康发展。随着新课程改革的推行与实施，正确的课程观、学生观、评判的理念正逐步在一线教师群体中形成。然而颇具人文关怀、形式生动活泼、紧密联系生活的作业可能会因为教师枯燥乏味的讲评，而影响学生学习科学的激情，抑制学生学习兴趣、学习信心，以致学习事倍功半；相反，形式简单、平铺直叙的作业亦有可能因为教师在常态课中善意而巧妙的讲评，精心的设计引导，帮助学生达到"拨开云雾见日出"的效果。可见，作业讲评改进如不能和课堂教学改进同步，必将严重影响整个教学工作的最优化发展，其重要性不容忽视。

（二）常态课堂的重要性

常态课是和公开以便观摩的课堂相对而言的。后者是年轻教师走上讲台最好的范例，对广大教师的课堂教学影响极大，其积极意义不容否认。但是，这种课堂研究指向并非普通的、日常的课堂教学，而是特指优质课比赛、公开课展示所需要的那种特定的课。教材是特选的，课堂教学流程是反复演练的，现场效果也非常态课可以企及。所以，事实上日常的课堂教学，受教师的精力、能力、动力等因素的限制，不可能按照这种公开课的模式进行。因此，常态课是关乎科学教学质量要害的课堂，是提升科学教学质量更加真实、更加可行的课堂。

（三）科学作业讲评常态课的现状

1. 作业讲评常态课中教与学失衡现状急需改善

笔者任教的学校曾组织广大一线教师，对所有文化学科教师的课堂进行地毯式地筛查调研。结果表明，在部分教师的课堂上教师的教与学生的学失衡，教师教得过度，学生学得不足，而作业讲评课中，这种失衡情况更甚。

很多教师由于缺乏对学生"学"的充分认识，讲评中往往从自己的立场出发，以完成课前设定的教学内容为主要目标，根据自己对题目的看法及体验，而非学生思维起点及知识背景，就事论事般强行将某一个具体的知识点灌输给学生。而学生往往被动地听教师讲解、被动地接受问题的解答。由于没有发掘错误发生的原因、没有疏导思维的过程，最终造成课上记住了但不理解，课后遇到同一题型又无所适从的现象；最终导致作业讲评课出现教师喋喋不休地讲解，学生洗耳恭听却又一无所获的局面。

2. 教师缺乏重视，作业讲评常态课形式单一

广大教师往往认为作业讲评课无关紧要，课前缺乏对其重要性的认识，备课流于形式，将各相关作业题一做了事，甚至个别教师只是将题目答案一抄就算是完成。由于缺乏精心的备课，作业讲评也往往流于形式，更多的变成作业答案的校对，或依题号逐题分析讲评，无法营造良好的学习气氛，无法充分调动学生学习的主动性，出现学生活动单一、学习过程被动，没能做到知识举一反三，没有及时用新的练习巩固原有知识等现象，最终造成课堂效率低下。

二、概念界定

（一）科学作业讲评课

科学作业讲评课是教师对学生完成的课后作业进行讲评的一种课型，是科学教学的重要环节，是一种具有一定特殊意义的课型。

作业讲评课以反馈作业批改为基础，以分析问题、引导鼓励学生正确思考并解决问题为内容，以查漏补缺更好地完成科学教学目标为目的。高效的作业讲评让学生了解自己知识、能力水平，弥补缺陷、纠正错误；对学生已学的知识起着矫正巩固、充实完善和深化拓展的重要作用；是知识的再整理、再综合、再运用的过程；是师生共同探讨解题方法、寻找规律、提高解题能力、培养情感、锻炼思维的有效途径。

（二）常态课

常态课是区别于公开课的，不刻意追求课堂完整性、完美性的，教师日常教学状态的课堂。

常态课不追求课堂的完美性，只需要保持课堂本色，让学生在较轻松的环境下自主自觉地参与到教学过程中，通过自我评价、自我反思，学习知识、掌握技能、提升情操；常态课也不刻意追求课堂的完整性，只需按照教学目标，以拓展学生的思维、提高解决实际问题的能力为重点，根据不同情况灵活安排教学进度与教学时间，即使在这过程中出现一些小差错，也是情理之中的事情。但常态课又不等同于随随便便上课，并不是老师想怎么教就怎么教，它是老师经过仔细研读教材、教参，细心分析学生原有水平，精心设计教学，充分利用各种有利资源，实现教学目标的课堂。

（三）科学作业讲评常态课改进

科学作业讲评常态课改进，是针对本校科学作业讲评常态课的现状，借鉴校本课堂改革的成果，从作业讲评课前准备、讲评课堂教学和作业讲评课后巩固三个阶段出发，通过作业讲评课堂目标的确定、作业讲评思路整理、作业讲评内容设计、作业讲评方法策略应用、课堂引导学生活动、即时作业设计、课堂媒体运用、教师评价和课后巩固等策略的研究，提高作业讲评课的效益，提升学生学习的自主性和高效性。

三、理论基础

（一）建构主义理论

建构主义的核心观点是，认识并非主体对于客观实在的简单、被动的反应，而是一个主动的建构过程，即所有的知识都是建构出来的；建构的过程中主体已有的认知结构发挥了特别重要的作用，而主体的认知结构亦处于不断发展之中。

建构主义认知理论认为，学习不应被看作对于教师所授予的知识的被动接受，而是学习者以自身已有的知识和经验为基础的主动的建构活动，即学生能积极主动地构造意义。

建构主义学习理论告诉我们：教学并非传递客观知识，而是教育者根据明确的知识目标，指导和促进学生按自己的情况对新知识进行建构活动，最后建构起关于知识的意义；教师应成为学生活动的"促进者"，而不是"传授者"；学习主体、实际情况、协作学习和充分的资源是促进教学的重要条件。

科学作业讲评课要顺应建构知识学习的过程，充分发挥学生学习的主动性，实现科学教学目标。

（二）马斯洛的需要理论

根据美国社会心理学家亚伯拉罕·马斯洛（Abraham H.Maslow）的需要理论，每一个人都有被他人、被社会认可的愿望。这就需要有表现的机会。表现才能产生兴趣和自信。美国人认为，人生就是为兴趣所做的表演。兴趣才是快乐的源泉，发展的阶梯，成功的动力。没有兴趣，就没有记忆。没有兴趣的学习只能是痛苦的煎熬。如何激发学生的兴趣，课堂作业应找到一条可行而有意义的路子，给每一个学生创造充分表现的时间和空间。科学作业讲评课并不只能是老师一人讲解的课堂，应努力引导学生克服不敢大声讲话、不敢表现自己的羞涩感和怯懦感等毛病，使他们能尽情表现，从表现中得到满足，进而培养学习科学的信心，提升学习科学的激情。

四、研究内容

（一）分析作业讲评的课堂现状，探寻课堂低效根源

通过最近一次学校大规模课堂调研的反馈，结合笔者多次的听课、课堂观

察及科学作业讲评课现状分析，低效的根源主要有以下几个方面。

1. 相当部分教师对作业讲评课的重要性认识不足

教师普遍重视新课，对新课的备课都比较充分，分析教材、研究学生、设计教学等都相当完备，教案也会写得比较完整，课后反思总结也精益求精。而对于作业讲评课，教师普遍认为简单好上。说它好上是因为，教师可以不管学生在作业中的解题情况，将作业正确的答案直接告知学生，或者按题号顺序逐题讲解，只要将这些题目的正确答案或者解题过程讲清楚，就认为自己完成了教学目标，较少去思考如何实现常态课效率的最大化。

2. 讲评的作业内容未经认真筛选

有些教师讲评作业，没有重点、面面俱到，从第一题按部就班地讲到最后一题，其实这是吃力不讨好的事情。也有些教师讲评作业就题讲题，讲方法过少，过分偏重于给学生提供正确答案，而不重视解题思路、方法、步骤和技巧的讲解，这样不利于今后教学的深化和扩展。其实每次作业中各题的难度是不一样的，学生出错的数量和程度也肯定是不一样的。作业题目类型不同，解题方法也各有差异，倘若仅仅校正答案，虽然学生知道了此题应该答什么，但并不知道为什么要这样答，知其然却不知其所以然，以后会出错也就不足为奇了。所以讲评内容认真筛选是作业讲评课高效的根本保证。

3. 教师重讲解不重引导

教师从自己的立场出发，以完成课前设定的教学内容为主要目标，缺乏对学生学习的充分关注，教授的内容未经筛选，一味强调作业题目的讲解，致使一节课中教师有声语言占整堂课比例超过70%。而学生被动地听教师讲解，缺乏对问题的自主理解和探究，结果往往是教师一人讲得"口干舌燥"，学生听得"枯燥无味"还收获甚微，作业讲评课完全没有高效可言。

4. 学生学习活动不足

（1）学生学习活动时间较少，学习形式单一。学生课堂的主要学习活动是听，从数量来看，学生听的时间是多的，但学生有效听讲的时间是少的。而其他思维品质较高的活动，如读、说、问、辨、写等时间就更少。

（2）大部分科学作业讲评课缺少有效的变式练习，往往只把作业上的问题讲解完成，后续的最多就是订正作业。

（3）大部分学生学习自主性不强。少数同学有精彩发言，成为作业讲评课堂的主角，还有沉默的大多数，没有形成良好的学习互动。

以上这些原因，成为初中科学作业讲评课低效的主要原因。而本课题正是力求通过各种途径、方法的实践探究，改进科学作业讲评常态课，破解其低效困局。

（二）作业讲评常态课改进策略

笔者结合自己的教学经验，认为要提高作业讲评的效率，必须抓住讲评课前准备、讲评课堂教学、讲评课后巩固这三个阶段。

1. 作业讲评课前准备策略研究

作业讲评课前，教师必须先作充分的准备，这是提高讲评质量的重要前提。所谓课前准备，包括教师精心研究、吃透作业内容，认真批改统计、分析学生答题情况，以及明确讲评重点、规划讲评计划等方面。

（1）课前吃透作业内容，了解题目特点。

有不少老师在作业上注一下答案就将其当成教学内容，拿着作业本或练习卷就去给学生讲了。作业讲评课的教学内容不应是在教学过程中临时随意生成的，否则在这样的作业讲评过程中，有的知识讲解笼统、不全面；有的知识讲解缺乏层次性、整体性；有的僵化、缺乏生动性；有的则无故被淡化。这些情况将严重制约作业讲评课的课堂高效性。因此，教师课前吃透作业内容、了解题目特点是上好作业讲评课的起点。

（2）认真批改，及时统计、分析学生答题情况。

苏联教育家巴班斯基曾说过，"作业的讲评成功与否，首先要看教师是否查明学生的典型错误及存在的困难，是否提出进一步克服困难的方法，是否保证学生对所做练习质量做自我检查，是否做出练习总结"。巴班斯基的话启示我们，进行作业讲评前，教师要留心学生的答题情况，批改后认真统计学生答题的正确率和错误率。教师要统计出学生错误的类型和数量，分析总结这些错误产生的原因，设计讲评方案，做好讲评准备。

教师对学生的答题情况、错误情况进行统计分析，做到讲评时心中有数、目的明确。教师的精心备课能够加强作业讲评的针对性和有效性。另外，作业讲评前的准备工作还应包括学生的自我答题状况分析。课前统计、分析学生答题情况是为了找出学生在作业中共同的典型错误，让教师明确分析错误生成的原因。将学生作业情况做好记录，记清哪些题答得好，哪些题错得多；哪些是知识性错误，哪些是技巧性错误；哪些是普遍现象，哪些是个别现象；等等。通过统计和分析，写好简洁的作业讲评课教案，讲评时才能做到有备无患、切中要害。

基于此，笔者在这一年多的教学实验中将每次作业讲评课的准备工作记录下来，如表1所示，便于把握作业讲评课堂中心，提升课堂效率，实现教学目标。

表1 作业讲评记录表

作业内容：	
作业时间：	
作业中同类型题：	
作业中的难题：	
作业中易错题：	
学生的普遍错题：	
与普遍错题解题思路类似题目：	（供学生在此类题目讲评后，及时练习巩固相应方法）
作业讲评课的大致安排：	（如详细讲解分析的题目及其解题过程，简略分析的题目有哪些及其该指出哪点，某个题的解题思路关键在哪里……）
讲评课后反思小结：	

（3）确定讲评重点。

一份作业中各题的难度是不一致的，学生出错的数量和程度也肯定是不一致的。讲评作业不可以没有重点，也不可面面俱到，必须根据作业特点和批改后统计的结果，确定讲评目标和重点内容，并结合学生心理特点，重点讲评部分题，努力实现在一堂课突出解决两三个问题。坚决避免就题论题，漫无边际。

2. 作业讲评课堂教学策略研究

作业讲评课中，要避免出现教学僵化。教师充分调动学生的积极性，发挥学生作为教学的主体地位，从教学内容、学生引导、多媒体协助、及时评价激励等方面改进作业讲评常态课，最大限度实现教学目标。

（1）作业讲评课堂教学内容设计的策略研究。

①作业讲评突出重点，讲究有效性。

把作业中题目逐一分析，时间上不可能，从学生实际来说也无必要。因此，课堂上讲评、分析的题目必须有所选择。选题应遵循典型性原则，即要选择与作业的基础知识、基本技能和教学方法有直接关系的题，选择学生作业中有独到见解的题，选择出错较多的题，等等，来进行讲评，切忌面面俱到，逐题讲评。

ⅰ）涉及相同知识点的题，集中讲评。

一份作业中，有些题目是用来考查相同的或相近知识的（特别是复习作业），对于这些题目应集中起来进行讲评，这样做可以强化学生的划归意识，使他们对这些知识点的理解更加深刻。

比如在第四册第一章复习中，常会有些习题涉及元素化合价和物质内各元素间的质量关系，很多同学总觉得题目形式太多，方法难以掌握，解题无从下手。但如经深入分析，习题所检查的是学生相同的知识，比如：

a. 已知R元素相对原子质量为96，在其氧化物中，R元素与氧元素的质量比为2：1，则该氧化物的化学式为（   ）

A. RO_3 B. RO_2 C. R_2O_3 D. RO

b. 元素R的化合价是奇数（不变价），其氯化物的相对分子质量是m，其氧化物的相对分子质量是n，则R的化合价是（   ）

A. $2（m-n）/55$ B. $2（n-m）/55$

C. $（2m-n）/55$ D. $（2n-m）/55$

此两题虽所求目标不同，但都是以求元素化合价为核心；虽所给信息不同，但都是利用物质内各元素质量间关系作为突破口。所以在此类习题讲评时应先让学生单独用自己原有方法进行解题，在黑板上全面演示每个题的解题思路；再让学生归纳这类题所能采用的解题方法；最后通过教师引导总结最优解题模式——从设化合价出发，进而书写物质化学式，充分利用各元素间质量关系寻找解题思路，列式计算。

整个过程强调在讲评课上让学生自己主动参与，教师的关键是要在学生思路出现困难时及时给予方向上的引导。

ii）形异质同的题，集中讲评。

所谓形异质同的题是指，科学情境相异但科学过程本质相同或处理方法相似的题。这类题应集中进行讲评。"形异质同"的核心是"质"，抓住了问题的"质"，就是找到了解题的关键钥匙。

比如在关于溶解度计算的习题中，蒸发结晶问题往往成为学生解题的"拦路虎"。

a. 33℃时，有250克硝酸钾溶液，若向该溶液中加入30克硝酸钾，则恰好为饱和溶液，若原溶液恒温蒸发掉60克水也恰好成为饱和溶液，则33℃时硝酸钾的溶解度为多少？

b. 50℃时，某物质溶液200克，温度不变时蒸发20克水，有4克无水晶体析出；继续蒸发20克水，又有8克无水晶体析出，则此晶体在该温度下的溶解度是多少？原200克溶液是否饱和？如果该溶液继续恒温蒸发25克水，还可析出无水晶体几克？

c. 有10℃时的硝酸钾饱和溶液242克，加入50克水后，在同温度时要加入多少克硝酸钾才能使溶液重新饱和？（10℃时硝酸钾溶解度为20.9克）

在这三个习题中，有关于溶液蒸发溶剂的操作，也有往溶液中增加溶质的操作，或者两者兼而有之，题目形式多样但检查的知识只有一个——形成饱和溶液，而对于饱和溶液的配置，我们不妨用以下模型来理解。

图1　　　　　　　　　　　　图2

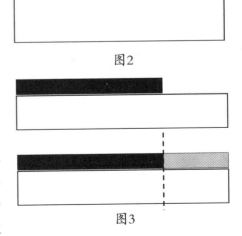

图3

图1表示不饱和溶液，图2表示饱和溶液，两图中白色方块表示溶剂的质量，黑色方块表示溶质的质量，而在两模型中溶质和溶剂的质量多少可以用方块的厚度来表示，在溶液中增加溶质质量可用补长黑色方块来表示，蒸发溶剂质量可用切去白色方块来表示，而在切去白色方块时被

切的黑色方块表示蒸发溶剂时析出的晶体质量。

利用模型，习题a中开始的溶液可表示为图3中的上图，而图3中下图的阴影部分则表示"加入30克硝酸钾后形成饱和溶液"；模型中白色部分的虚线右侧表示"蒸发掉60克水也恰好成为饱和溶液"，即虚线左侧部分表示原溶液经操作后剩下的为饱和溶液。这样便能帮助学生轻松理解该条件下30克硝酸钾和60克水恰好能形成一份饱和溶液。

同理，习题b中能用模型图4表示。根据模型可清楚地理解8克晶体和20克水能形成该条件下的饱和溶液。

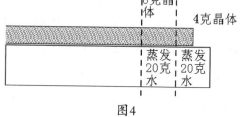

图4

而此类讲评的关键在于让学生自己用所学模型分析解答习题c，达到"授人以渔"的效果。

ⅲ）形似质异的题，集中讲评。

所谓形似质异的题目是指，科学情境貌似相同，但科学过程大相径庭的题目。这类题目，通常仅在只言片语中存在些许差异，解题时稍有不慎，便会陷入误区。对于这类题也应集中讲评。通过讲评使学生能透过表面看本质，抓住问题的关键点，引导学生注意比较题设的异同，防止思维定势产生的负迁移。因此，细心审题就成了解题的关键。同时，通过形似质异题目讲评过程中鲜明的对比，必将产生理想的教学效果。比如：

a. 三个质量相同，底面积相同，但形状不同的容器放在水平桌面上，其内分别装有同种液体且它们的液面在同一水平面上，如图5所示，则三种液体对容器底的压强大小关系如何？

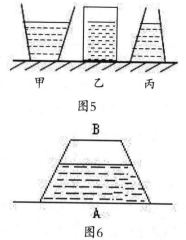

图5

三种液体对容器底的压强大小关系如何？三个容器对桌面的压强大小关系如何？三个容器对桌面的压力大小关系如何？

b. 一圆台形封闭的容器，内装部分液体，当容器底A置于水平桌面上时，如图6所示，液体对

图6

容器底的压强为pA，容器对桌面的压强为pA'；若把它倒放在桌面上，液体对容器底的压强为pB，容器对桌面的压强为pB'，则…………（　　）

A.pA＜pB，pA'＜pB'　　　B.pA＝pB，pA'＝pB'

C.pA＞pB，pA'＞pB'　　　D.pA＞pB，pA'＝pB'

在上面的两个习题内部各问题中，看似考查压强和压力，但液体产生的压力压强和容器产生的压力压强采用完全不同的思考解题方式，如果不能将问题分析透彻，则极易导致学生理解差错进而出现反复错误，影响学习效果。

在分析上面任何一题时，都应该先让学生充分思考、分析题目、得出答案，再分析各压强和各压力产生原因和判断方法，在教师的有效引导下，积极开展题目间比较鉴别，总结解题方式和思考方法。

结合多年教学经验总结，笔者认为：压力压强题易错关键在于固体和液体产生压力压强时的特殊性。固体在一定面积上对受力物体施加一定的压力，这个效果就是压强，故可认为固体压力压强问题应先考虑压力，再利用压强公式$p=F/S$来判断压强；而液体因其具有流动性，其重力未必全部作用于底部，故其压力较难确定，但其压强却可用$p=\rho gh$来判断，所以液体压力压强问题先用$p=\rho gh$来判断压强，再用$F=pS$来判断液体产生的压力。

②作业讲评由点及面，体现综合性。

讲评时，要引导学生领悟并思索解题过程中涉及的知识点，有无纵横联系、如何联系，查漏补缺，使知识系统化、网络化和结构化，这样有利于学生对知识的巩固、综合、运用及解题能力的提高。对具有较大灵活性的典型题要做进一步的"借题发挥"，讲评时，教师要善于由点及面，具体可通过下列途径进行。

ⅰ）一题多变，变换条件（推断等）多方设疑，提高学生解题应变能力，起到举一反三的作用。像这样讲解问题的变式，能使学生对所讨论的题目的认知更加深化，获得融会贯通的本领，这样更可培养学生深入钻研的精神。

比如在浮力问题中，有这样一个题：

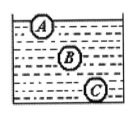

如图7所示，体积相同的A、B、C三个物体浸没在水中。A上浮、B悬浮、C下沉，在三物体静止后，关于它们所受浮力的说法正确的是（　　）

图7

A. A受到的浮力小　　B. B受到的浮力大

C. C受到的浮力大　　D. A、B、C受到的浮力一样大

此题为浮力中常见情景，只要学生能利用阿基米德定律，紧抓影响浮力的两个因素：液体密度大小和排开液体的体积——题中液体密度一样，谁排开液体体积大，谁受到浮力就大，所以A球受到浮力最小。

但改变条件可以让学生能熟练灵活应用浮力各知识解决实际问题，如：

a. 如图8所示，质量相同的A、B、C三个物体浸没在水中。A上浮、B悬浮、C下沉，在三物体静止后，关于它们所受浮力的说法正确的是　　（　　）

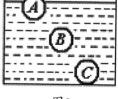

A. A受到的浮力小　　B. B受到的浮力大

C. C受到的浮力大　　D. A、B、C受到的浮力一样大

图8

b. 如图8所示，质量相等的A、B、C三个小球，放在同一液体中，结果A球漂浮，B球悬浮，C球下沉到容器底部，下列说法中正确的是（　　）

A. 如果三个小球都是空心的，则它们的体积可能相等

B. 如果三个小球的材料相同，则A、B两球一定是空心的

C. 如果三个小球都是空心的，则它们所受浮力的大小关系为$F_A > F_B > F_C$

D. 如果三个小球都是实心的，则它们密度的大小关系为$\rho_A > \rho_B > \rho_C$

c. 把三个体积相同的铜球，分别放在酒精、水和水银中，如图9所示，受浮力最大的是在_____中的铜球；受浮力最小的是在_____中的铜球。

图9

这些习题无论如何改变，关键要让学生知道题目可以千变万化，但知识点却是永恒不变的，像以上习题关键要让学生在分析问题时寻找各题解题方法上的相似点，通过作业讲评时的总结分析，紧紧抓住分析解决浮力题的方法，即先考虑沉浮条件，再考虑阿基米德定律，循着这个思路并充分利用题目提供的信息，必将能解决各种浮力问题。

ⅱ）一题多解，展示多种解题思路，提高综合分析能力。比如：

将21.4克NaCl和Na_2CO_3的混合固体样品投入100g稀盐酸中，恰好完全反应并收集到4.4g气体。求原固体混合物中Na_2CO_3的质量？原稀盐酸中的溶质质量分数？反应后所得的氯化钠溶液的溶质质量分数？

此题在最后求解溶液的溶质质量分数，必须先求出反应后的溶液质量，而求溶液的质量时学生往往会有两种方法：一是用"样品中原有的NaCl质量+反应生成的NaCl质量+稀盐酸中原有的水的质量+反应生成的水的质量"计算最后的溶液质量；二是用"原来样品总质量+稀盐酸的总质量－溢出的气体质量"。

在教师有效批改的基础上，让学生将自己不同的方法展示给全班其他同学，让大家一起来评判分析两种方法的特点，比如：第一种从细节出发，同学们更易理解，但计算太烦；第二种从整体出发，同学们较难理解，但计算相对简单，让学生通过比较判别，知道两种方法的特点，自主地选择最佳方法，轻松掌握解此类问题的方法，实现三维教学目标。

ⅲ）多题一解，总结解题规律，引导学生对一道题目深入研究，透过现象，抓住本质，找出共同的规律，真正达到理解和运用。只有这样，学生才能跳出"题海"，以不变应万变。

此类问题的讲评可以参考之前"形似质异的题，集中讲评"中所述方法，让学生在比较中寻找本质，在解题中鉴别差异，提升学习效率。

③作业讲评层层深入，体现渐进性。

作业讲评中应该以学生已有的知识为基础，遵循学生的思维特点，充分探寻学生思维中的最近发展区，力求实现作业讲评循序渐进、层层深入。通过选择作业中较易的典型题目，不断增加题目条件，实现题目难度的提升，培养学生处理难题的能力；或通过选择作业中较难的典型题目，将题目要求进行分级分段处理，分别提出各段要求，做到简化解题的难度，帮助学生铺设理解阶梯，降低理解时思维的跳跃度，实现作业讲评的有效性。

比如在电学中有这样一题：

如图10所示，电源电压不变，开关闭合后将滑动变阻器滑片P向右滑动使（ ）

A.电流表和电压表示数都变小

B.电流表和电压表示数都变大

C.电流表示数变大，电压表示数变小

D.电流表示数变小，电压表示数变大

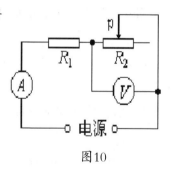

图10

在此题中电压表的示数无法简单地在滑动变阻器上利用欧姆定律进行判断，必须先判断R_1两端的电压，再利用"电源电压—R_1两端电压"间接来判断。此题的讲评关键是要知道学生错误根源在于无法一次性完成多步渐进思维，故教师在讲评此题时只要给学生设置下面这个铺垫性习题，通过让学生先思考铺垫性习题，很自然地顺势解答之前的习题。

铺垫性习题如下：

如图11所示，电源电压不变，开关闭合后将滑动变阻器滑片P向右滑动时电压表、电流表示数如何改变？

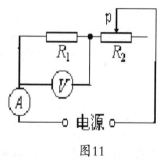

图11

（2）作业讲评课堂讲评方式的策略研究。

作业讲评的课堂讲评方式如同名医所开药方前的药引，丰富多样的讲评方式能最大限度地发挥这个药引对改进作业讲评课堂这剂良药的效果。具体可采取以下方式实施。

①教师引导学生分析、讲评作业。

对于科学作业中学生认为困难的题目，教师在作业讲评时，要注重引导学生学会审题，提取题目中的有效信息，剔除干扰信息，探寻隐性信息；进而分析问题，构建题目情境；最终找到解题突破口，整理解题思路，完成题目求解。比如：

2010年4月28日某媒体题为"排污工程施工，毒气放倒三人"的报道，引起某兴趣小组同学的思考。

【提出问题】 排污管道中的毒气有什么成分？

【查阅资料】

Ⅰ. 排污管道中的大部分有机物在一定条件下发酵会产生CO、CO_2、H_2S、CH_4等。

Ⅱ. H_2S气体能与$CuSO_4$溶液反应生成黑色沉淀。

【提出猜想】 小组同学对排污管道中含有上述气体中最少3种成分的猜想如下：

猜想1：有CO、CO_2、H_2S； 猜想2：有CO、CO_2、CH_4；

猜想3：有CO、H_2S、CH_4； 猜想4：有CO_2、H_2S、_____；

猜想5：有CO、CO_2、H_2S、CH_4。

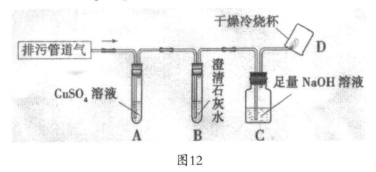

图12

【实验方案】 小组同学共同设计了图12所示的装置并进行探究（夹持仪器已省略）。

【问题讨论】

a.如果A装置没有明显变化，则猜想_____成立；

如果B装置没有明显变化，则猜想_____成立。

b.在验证猜想1的实验中，装置C中NaOH溶液的作用是_____。若要进一步验证气体燃烧后的产物，操作是：迅速把烧杯倒过来，向烧杯内注入_____，振荡。

c.要确证猜想5中是否有CH_4，某同学认为图示装置有不足之处，需要在装置C与D之间加一个_____装置。改进后，若气体燃烧，且D装置内壁出现_____，证明气体中一定含有CH_4。

为了进一步确定气体中是否含有CO，可分别测定燃烧产物中H_2O、CO_2的质量。其方法是：将燃烧产物依次通过盛有_____、_____的装置，分别称量吸收燃烧产物前、吸收燃烧产物后装置的质量，通过计算、分析得出结论。

像这种题目，看起来似乎很长很难，学生得分也低，但其本质就是气体的检验和鉴定，教师在分析时应将题目进行适当的拆分，多问问"如何证明气体中含有水蒸气，并设计实验证明？""怎样证明气体中有二氧化碳气体，并设计实验证明？"等简单问题，让学生自己分析解释。教师只需要将学生的分析进行简单地综合，将一堂作业讲评课还给学生，学生能讲的充分让学生自己讲解。

以CO_2气体为例，教师可问以下问题：

"用什么物质检验CO_2的存在？"

"如CO_2气体存在会看到什么现象？"

"用什么样的装置检验CO_2存在？"

"如何避免CO_2对其他气体检验的干扰？"……

让学生在老师的引导下分块分析解决CO_2、H_2O、H_2S、CO、CH_4等不同气体，最后综合解答本题。

②师生共同讲评作业。

这一活动体现的是问题情境式教学理论的应用，教师通过问题情境，使学生经常处于"愤悱"的状态中，启发和提高学生创造性地解决问题的能力，并使学生在独立思考、自主学习氛围中，逐渐领会和掌握科学知识和科学的学习方法。这种方式对于难易题都可运用。比如：

物体A在水平力F的作用下，静止在竖直墙壁上。当水平力减小为F/2时，物体A恰好沿竖直墙壁匀速下滑，此时物体A所受摩擦力的大小（　　）

A.减小为原来的1/2　　　B.和原来一样

C.增大为原来的2倍　　　D.无法判断

此题很多学生会想都不想地选择A，这不是因为学生真的不知道怎么做，或者充分思考之后得出错误结论，而是学生没有利用所学知识进行分析，只是简单将生活感受错误用于科学问题的表现。这时教师在讲评此类题时就应该提醒学生对物体进行受力分析，并用力的作用效果来判断物体运动情境，让学生在自我分析总结中订正错题。

③学生自主讲评作业。

根据课前统计的学生答题情况，让正确解题者讲评解题思路，有时候学生给全班讲评从学生的角度出发，更容易让其他不懂的学生理解，更容易被广大学生接受。

比如：

下列变化不能用如图所示的曲线来表示的是（　　）

A.温度升高后酶催化效率的变化

B.某人就餐后血糖含量的变化

C.在狼吃羊的这个食物关系中，大量捕狼后，羊的数量变化

D.地球上最早出现的生物代谢类型可能是异养厌氧型生物，之后出现了需氧型生物，最后形成现在的大气。问此过程中大气中氧气的变化

此类题的最大特点是题目难度不大，但考察的知识点相对较多，容易使学生因为知识点掌握不扎实致使解题出错，故此类题非常适合让成绩好的学生代为讲解。一方面充分发挥讲题学生的主动性；另一方面调整讲题方式，给听题学生一种全新的感受，提高上课的效率；还可以最大限度激发学生学好科学知识的兴趣和热情，实现教学目标。

④小组合作讲评作业。

显然不同学生擅长不同题型，很多学生对某些已学知识和已熟悉的题型具备较高的自主讲评的能力。小组合作讲评不仅有利于讲评者更深刻地理解解题思路、方法，也有利于听者从不同层面理解解题思路；不仅有利于课堂讲评方式的多样性和活泼性，也有利于课后学生互助学习的有效进行；同时小组合作还有助于开发和利用学生的非智力因素，使学生乐于学习科学。

比如：

向$Cu(NO_3)_2$溶液中加入一定量的铁粉充分反应，下列情况中可能出现的是（　　）

①溶液中有Fe^{2+}、Cu^{2+}，不溶物为Cu

②溶液中有Fe^{2+}、Cu^{2+}，不溶物为Fe

③溶液中只有Cu^{2+}，不溶物为Fe

④溶液中只有Fe^{2+}，不溶物为Fe、Cu

A. ①③   B. ①④   C. ②③   D. ③④

此类题的特点在于较深入地挖掘一个知识点的多种情况，属于中等偏难题，很多同学往往会因为考虑问题不够全面而遗漏其中的某一种或多种情况，进而造成分析思考不全面而解错题。此类题在解题时每个人都会想到其中的一点或几点情况，故在讲评时应充分发挥小组中各成员的合力，集小组的力量较全面地分析思考题目各类情况，让学生自主、自由地完成讲评任务，让学生通过合作学习体会学习的乐趣和成就感，实现学生的自主学习，提高学生的各种能力。

（3）作业讲评课堂学生活动引导的策略研究。

在作业讲评课中，作为教学活动主体的学生，应该积极主动地参与作业讲评的整个过程，坚决避免在作业讲评课中一味被动地听；同时教师也应该避免自己成为讲解作业的"扬声器"，努力引导学生进行听分析、说方法、读信息、写步骤、做即时反馈练习等多种多样的活动，自主分析、理解、掌握科学知识。

科学作业讲评课中，讲评后的即时反馈练习是提升课堂教学质量最直接有效的方法。心理学家的实践表明：反馈在学习上的效果是很显著的，尤其是即时的反馈比每周的反馈效率更高、效果更好。所以及时进行学习反馈，才能最大限度地发挥反馈的积极功能。因此，科学作业讲评课中即时反馈练习题的设计非常重要。

科学作业讲评课的即时作业设计要遵循针对性、即时性和拓展性。选题一定要典型，要以之前刚讲评的作业题为基础，从横向相近、纵向提升等方向设计作业；练习一定要让学生有充足的时间去独立分析解题思路、体会解题的过程，相对独立地完成反馈作业。同时，教师不可急于得到结果，走马观花般很快地把解题过程说出来，这等于剥夺了学生的学习过程；也不可等学生做完反馈题之后一扔了之，白白浪费总结解题思路、提升学生解题能力的大好机会。

（4）作业讲评课中多媒体辅助教学的策略研究。

①呈现——错误答案、即时练习。

多媒体辅助教学系统在科学作业讲评课中发挥了最大的作业讲评效益，为我们创造了极大的便利。如呈现作业中学生的错误，有利于学生达到更好、更生动的纠错效果。

例如学生解题过程的讲评，如果把具有典型错误的案例用多媒体呈现给学生，引导学生一起来纠错，将起到很好的警示作用。

再如，为了巩固讲评效果，教师可以进行即时练习呈现，多媒体是最方便快捷的。多媒体可以通过资源丰富的网络收集到更优秀、更全面、更典型的即时练习。但要把握好呈现作业的度，不可过重过繁。

②展示——优秀成果。

为了让学生吸取他人之长，教师也经常要向全班展示学生在某些题中突出的成果，如学生流畅的过程表达、美观的书写、准确的作图痕迹及说明等，都可以通过多媒体来展示。每个学生解题角度和语言表达很可能是不一样的。不同学生的优秀成果从多个角度帮助其他学生拓展了思维。

多媒体是我们教师的好帮手，在我们的科学作业讲评课中起到了不可替代的作用，我们一定要充分利用好，让它为我们的科学教学做出更大的贡献。

（5）作业讲评课堂教师评价的策略研究。

德国的教育家第斯多惠说过："教学的艺术不在于传授本领，而在于激励、唤醒、鼓舞。"教师给予学生的表扬、中肯的评价，能满足学生自我提高的需要，激发学生的学习动机，使学生有一股内在的学习动力，在今后的学习中克服困难，朝学好科学的目标前进。

作业讲评课要科学地分析不同学生的作业情况，要本着多鼓励、少责备的原则，从不同角度对不同类型的学生进行中肯的评价。可采取以下方式实施。

①分层表扬。

根据学生不同的水平层次进行表扬。不仅表扬成绩一贯优秀的学生，也要热情表扬那些基础较差但有进步的学生，还要想方设法使那些成绩不理想的学生也有受表扬的机会，获得成功的体验，从而激发学生的学习热情，并以此为动力，改进学习方法，提高学习效率，朝所期望的目标，更努力、更主动地学习。如：表扬平时作业一直优秀的学生，激励他们寻找自身不足，使他们更上一层楼；表扬本次作业进步明显——尤其是原来基础较差的同学，从而激发他的学习斗志，坚持不懈学习科学；表扬成绩较差但作业认真的学生，从而帮其树立学习信心，使他们继续学习科学；努力寻找学习差的同学的作业闪光点，表扬、鼓励他们不放弃学习科学……

②分块表扬。

科学作业考查的内容很多，不同的学生个体对不同知识点、不同方法等掌握情况也不一样。如有些同学化学部分理解得深些，有些同学可能是物理部分更感兴趣、思路特别清晰，有些同学可能解题过程语言表达简洁、条理清晰，有些同学探究题方面比较强，等等。这样就可以根据学生具体答题情况进行内容分块表扬。进行内容分块表扬是为了激励中等生不断自我完善的拼搏精神，因为有些中等生在学习科学知识时，总是顾此失彼，很不稳定。他们经常能出色地解决好一类题，但对另一些类别的题又不擅长。通过分块表扬能够激励他们自觉纠正错误的解题方式，进而能全面地掌握知识。

另外还需注意，在分析学生作业质量时应充分考虑作业的难易程度和学生的原有基础；严禁因学生作业错误多而挖苦讽刺，挫伤学生自尊心；对因学习态度不好而无明显进步甚至退步的学生要给以中肯的批评，做到激励与鞭策相结合。

3. 作业讲评课后巩固策略研究

作业讲评后，教师对待学生错误要有良好的心态，要把"错误"变成"新发现"，变成"新习题"，变成学生成长的"闪光点"。通过课后巩固讲评效果的策略研究，讲评课结束后，教师还应做好三项工作。

（1）要求学生认真订正作业中错误题目，写出理解过程。错题的及时订正是检验讲评课效果的一种方式，是判断是否解决学生困惑的途径，是巩固知识、拓展能力的重要方法，更是学生一笔重要的学习财富。及时、清楚地做好错题订正，能为今后的高效复习提供必要的保障。

（2）有针对性地布置适量的作业，给学生巩固和练习的机会。学生的正确概念是在不断地同错误概念进行斗争的过程中逐渐形成的。

（3）指导学生做好作业小结。小结内容包括作业中的错误情况、出错的主要原因，以及错题的解题思路和同类题目的分析汇总等。老师在平时多辅导学生做好作业小结，挑选有代表性的小结在课堂或课外与学生交流，帮助学习有困难的学生制订、改进作业小结，并确立下一步切实可行的目标。

五、研究成效

笔者在科学教学中，注重将学生作为教学活动的主体，注重有效的引导，充分发掘学生的潜力，利用各种教学工具、采用多种教学方式分析问题、处理材料，不断改进与完善作业讲评课，提升其课堂教学质量。经过一年多的研究，对取得的成绩也较为满意，具体有以下几点。

（一）自主学习，主体参与，提高了学习成绩

学习是一项十分艰苦的活动。打破传统作业讲评沉闷压抑的课堂模式，帮助学生在学习过程中营造和维持健康、积极、向上的心理氛围，养成乐观向上的生活和学习态度，让学生敢于面对困难、承认困难，并寻找方法解决困难。该讲评模式打破老师"一言堂"的习惯，重新调整了教师的角色和行为，使教师成为学生的引导者和促进者。教学淡化了教师的讲，强调引导学生参与作业讲评，强化了学生自主学习意识，变过去掌握结论式的学习为合作性学习、反思性学习、探究性学习。学生在自查自纠、讨论交流中，丰富了解题经验，掌握了解题技巧，重错率明显降低，学业成绩也有了大幅度的提高。

（二）师生互动，有效讲评，建构了高效课堂

交流是一种学习方式，通过这种全新的作业讲评模式让参与者分享想法、理清思维、提高认识。同样新课程标准强调教学过程中教师与学生、学生与学生的真诚交流。学生在小组内相互讨论、评价、倾听、激励，加强了学生之间的合作与交流，充分发挥学生群体磨合后的智慧，大大拓展了学生思维的空间，提高了学生的自学能力。另外，教师从讲台上走下来，参与到学生中间，及时了解、反馈学生目前学习的最新进展。学生出现了问题，没关系，这正是教学的切入点，是教师"点"和"导"的最佳时机。通过学生之间的合作学习和教师的引导、启发、帮助，学生成为课堂的真正主人，讲评课堂变得高效有序。

（三）聚焦"问题"，关注"节点"，提升了教学质量

聚焦学生作业中出现的问题，关注学生作业中反映的学习难点，积极引导学生应用所学知识有效理清混乱的思维，让学生在作业讲评课上有针对性地认识问题、分析问题、解决问题，提升教学的质量。

在过去的一年多时间里，所任教学生相比其他学生，在考试中成绩有所提升，更主要的是节省了学生的时间，进一步提升了学生学习科学的兴趣，培养了学生分析问题、解决现实问题的科学思维方式、方法，真正实现作业讲评课上的三维教学目标。

六、几点反思

（一）精心备课是高效讲评的前提

在如何对待作业讲评的备课上，不少教师普遍存在这样一种误解：认为备课就是将作业做一遍，看懂做对就行。其实这远远不够，作业讲评备课除了备习题外，还应包括备学生、备方法。首先，要统计与分析。教师应对作业情况进行数据的统计分析，及时了解学生的错误情况，以便总结出答错的规律和原因，确定讲评的重点和难点。少错题目可略讲，重点讲解和分析普遍做错的题目，而不是眉毛胡子一把抓。其次，教师还应结合试题与学生出错状况确定自己的讲评思路、课堂步骤和讲评方法。每次试卷讲评都应根据教学进度和学生答题的实际情况确定一两个重点，宜精讲不宜多讲，以避免讲评过程中容易出现的盲目性和随意性，避免平均用力、详略不当所产生的不良结果。

（二）交流互动是有效讲评的核心

作业讲评教学是综合因素互动的特殊教学现象。涉及师生、生生之间的综合互动，一定要从各因素的认知规律与心理规律出发，精心设计互动活动。教师如果只是为了节约时间拼命地讲，学生只能一味地被动接受，没有时间提问，没有发表观点的机会，听不懂的地方也无暇请老师重新讲解。教师每次讲评可以先安排几道题目由学生来介绍解题思路，这样既能调动学生的积极性，也使讲评更贴近学生的心理。讲评难题时，教师可用启发性的语言调动学生的主动性，引导学生展开联想，积极反思自己的解题得失，总结解题技巧，形成正确的解题思路。

（三）矫正补偿是作业讲评的延伸

讲评课后必须根据讲评课反馈的情况进行矫正补偿，这是讲评课的延伸，也是保证讲评课教学效果的必要环节。教师应要求学生将答错的题全部用红笔订正，做好答错原因的分析说明，写清楚相应的正确解答，使学生的复习有针对性、避免机械重复、提高复习效率。同时教师要及时依据讲评情况，再精心设计一份练习题，作为讲评后的矫正补偿练习，让易错题多次在练习中出现，达到矫正巩固的目的。

【参考资料】

[1]陈晓端，马建华.试析新课程标准指导下有效教学行为的基本特征[J].教育科学研究，2006（02）:5-8.

[2]张宝昆.实用教学技术[M].昆明：教育科学出版社，1994.

基于模型认知的问题解决复习教学研究
——以初中科学"运动与力"中考复习为例

【摘要】 拓展细化高中化学核心素养"模型认知"在初中科学的内涵，以"运动与力"的问题解决为例，提出以科学模型为载体的、有规律可循的、稳定的认知模型，从认知对象、认知角度、认知方式和能力任务等维度开展基于模型认知的问题解决复习教学。

【关键词】 模型认知；教学设计；中考复习；教学策略

一、问题提出

当全面推进学生核心素养培养与"双减"政策相交时，如何想尽一切办法，优化教学方式、提升课堂教学质量、提高学生学习效率？具体到科学的教学中，应避免课堂教学过程中科学知识被孤立、学习行为浅层、教学设计低质、缺乏科学思维培养，如：避免复习教学一味地简单重复罗列各种知识点，然后通过设计抽查、复述、背诵等活动落实知识，因为其本质仍然是实现学生对于科学知识的简单记忆；避免反复大量的习题训练和针对每个题目的孤立讲评，这表面上提升了学生应用科学知识、科学方法解决实际问题的能力，但结果却往往是通过一遍又一遍近似甚至重复的训练，实现了对固定问题解决方法的记忆，当遇到全新陌生情境时依然束手无策；避免复习教学沦为日复一日的枯燥无趣、毫无新意和挑战的做题。在复习教学中，如何带领学生直面大量繁多杂乱的科学知识，建立完整、系统的科学观念知识体系，实现复习教学对科学知识的回忆、对知识间的关联、知识体系的升华再建？如何从一个个具体问题的解决方案中归纳出系统化的问题解决思路，进而指导学生分析陌生情境、解决全新问题？如何通过设计合理的、具有一定学习进阶的教学活动避免学生在中考复习中一味地苦熬死拼，实现通过复习教学激发学生学习的兴趣，增强学生处理各种全新复杂问题的信心？

要解决上述低效中考复习问题，必须从整体高度把握各种知识的内容构成、问题结构以及解决问题所需能力的任务要求，深入研究初中学生认识知识和解决问题的心理机制及思维特点，通过不断实践探索更加有效的教学策略。

二、初中科学的模型认知

《普通高中化学课程标准》提出高中化学学科五大核心素养就包括"证据推理与模型认知"，其中模型认知是指通过分析、推理等方法认识研究对象的本质特征、构成要素及其相互关系，建立认知模型，并能运用模型解释化学现象，揭示现象的本质和规律。同时，《普通高中物理课程标准》提出高中物理学科四大核心素养中的"科学思维"是"……基于经验事实建构物理模型的抽象概括过程……"，主要包括模型建构、科学推理、科学论证、质疑创新等要素。

（一）概念界定

初中科学的"模型认知"是研究各种自然现象过程中，通过分析、归纳、推理等科学方法认识事物的构成要素、本质特征、相互关系，建构合理科学模型，进而以模型为载体，选取一定的认知角度、采用相对稳定的认知方式解决问题的科学思维。模型认知有鲜明的学科特点，是研究事物、分析现象、解释预测事物现象及其变化、解决具体问题时有规律可循的、系统的思维方法和思维过程。

（二）模型认知的组成

模型认知包括科学模型和认知模型两部分，前者是认知过程中一个个具体的科学模型，是科学思维的载体，如电学中的电路图、力学中的运动和力模型（包括物体受力分析和运动状态）、溶液中的构成模型……后者是认识事物、解决问题的科学思维方式，是模型认知的核心，从认知对象、研究问题、能力任务、认知方式四个维度构建了"运动与力"复习教学中具体问题解决的认知模型，如图1所示。

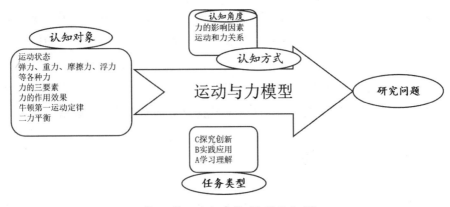

图1 "运动与力"模型认知图

1.科学模型

科学模型是研究客观事物过程中抓住事物的主要因素、忽略次要因素，突出事物本质要素、本质特征，建立起对客观事物抽象的、简化的、概括的印象。模型分类方式多种多样，本研究以模型认知为手段、以问题解决为目标，所使用的模型应该尽量反映决定事物变化的影响因素，如反映成像原理的光路模型、反映运动和力关系的模型、反映溶液变化的溶液成分构成模型、反映电路工作的电路图模型、反映化学变化的方程式……

2.认知模型

初中科学的认知模型并非心理学上由"什么、怎么、为什么"构成的"3M认知模型"，而是一种认识事物、解决问题的科学思维。基于特定认识域的认识模型一般可基于以下四大核心要素进行刻画：认识对象、研究问题、能力任务、认识方式（认识角度和认识方式类型）。

认识对象即各种科学知识，如运动与力问题中，弹力、重力、摩擦力、浮力等各种性质的力，各种力的影响因素，力的三要素，牛顿第一运动定律，二力平衡条件，运动状态……

认识方式是指基于一定科学模型，选取合适认识角度形成的具有某种普遍的、稳定的分析推理过程，是认知模型的核心组成部分，体现了研究问题的解决能力，是教学活动中的核心任务，如通过二力平衡的认识角度理解摩擦力方向，或通过摩擦力作用效果的认识角度理解摩擦力方向……教学活动就是要引导学生选择合适的认识角度，形成基于一定认识角度的特定认识方式，发展学生的科学思维能力。

根据学生利用认识对象采用普遍稳定的认识方式解决具体的研究问题过程中需要达到的学科能力目标不同，大致而言，学生学科能力分为学习理解能力、实践应用能力、探究创新能力三个大类，每一大类的能力又分为不同的能力要素（如表1），进而对应相应的任务类型，将教学活动任务分成不同类型，达到每一类型任务培养学生不同能力的要求。

表1　学生科学学科能力要素

A学习理解能力	B实践应用能力	C探究创新能力
A1观察记忆 A2概括关联 A3说明论证	B1分析解释 B2论证预测 B3实验设计	C1综合复杂问题解决 C2科学探究 C3创新思维

（三）模型认知的意义

1.认清知识的关联和结构，整体性、系统性构建知识体系，提升知识理解能力

以科学知识为主体的认知对象是认知模型的基础，通过对经典抽象问题的分析，梳理具体知识点，回顾分析知识来源，寻找知识间的关联，建立知识结构，概括问题解决的思维结构，实现知识体系的完整性、系统性，促使学生对科学知识的理解提升到新高度。

2.系统梳理问题解决的方式，形成广泛、稳定的问题解决科学思维

突破科学问题解决中"一题一法"的局面，以经典问题分析为基础，系统梳理问题解决过程中的认识角度、认识方式，形成科学稳定的问题解决思维方式。在千变万化的陌生情境、全新问题中，帮助学生确立基于一定认识角度的特定分析路径和认识思路，有效提升系统化解决问题的科学思维能力，而非某个问题零碎、孤立的解决能力。

3.帮助教师更好地把握整体教学目标，便于系统设计问题任务和教学活动

基于模型认知的复习教学为教学目标、教学活动、问题任务等整个教学过程设计了相对完整清晰的路线，每个环节的教学目标、实现目标的任务、课堂教

学中实现任务的教学形式、完成任务后的评价等方面都变得有迹可循，从而更好地把握教学目标，更能选取合适的指向核心素养的目标培养。如，"运动与力"的中考复习教学中，关于力的教学目标是，知道各种力，理解力的性质，能从力的产生、施力物体受力物体、三要素、作用效果四个维度整体认识力，并解释实际问题。基于此，教学活动设计应从解决经典问题、概括科学知识、分析知识关联、建构知识体系、完善整体认识、知识迁移应用等方面着手。

4. 教学评价及时且有针对性，有助于提升课堂教学效率

模型认知的复习教学以具体复杂问题解决为目标，整个过程细分为认知对象、认知角度、认知方式以及能力任务类型几个环节，这样更有利于评价学生在认识过程中面临的困难，有利于教师及时通过课堂追问、类比等形式引导学生选择合适的认识角度，建立有效的认识方式，从而提高教学和评价的实效性、针对性，促进学生认识发展和能力提升。

三、教学设计与实施

（一）教学目标的定位

模型认知的"运动与力"中考复习教学应基于大概念教学理念着重整体设计，通过一系列具体不同能力层次的任务，回忆运动与力相关知识，梳理建构完整、系统的认知对象体系，进而将其进一步内化，逐步形成稳定的、自觉的认知方式，建立以科学模型为中心的、解决复杂问题的科学思维方式。（图2）

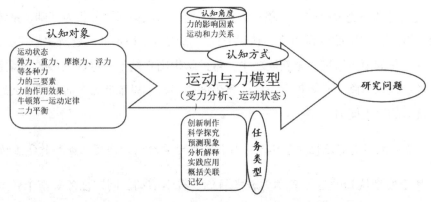

图2 "运动与力"模型思维图

（二）教学设计的整体思路及具体实施

基于模型认知的"运动与力"模块涵盖了机械运动、力的存在、重力、摩擦力、浮力、牛顿第一定律、二力平衡的相关内容，在中考复习阶段可设计为两课时的单元整体教学。两课时的教学以模型认知为指导，设计的教学任务覆盖了探究创新、实践应用、学习理解三大能力层次，满足学生活动的层次性和系统性要求，有利于学生在完成任务中自主建构认知模型，进而掌握基于模型认知的具体问题解决思路，进一步提升科学素养。

第一课时为模型认知各环节的建立和提出，包括知识体系的建构、认识方式的确立以及模型认知在经典问题中的直接应用。不同于常规教学之处在于，本课时努力激发学生主动性、积极性，通过课前任务回顾知识，课堂教学分析关联、建构知识体系，形成关于知识的认知模型，以认知模型方式理解知识的由来、知识的关联，再将相关知识直接应用于经典问题，并逐步形成以科学模型为中心的认识方式，具体见表2。

表2　基于模型认知的"运动与力"复习教学（第1课时）

教学环节	教学思路	任务类型	教学设计意图
课前环节：探查原有知识，初建知识体系	课前任务：用你所熟悉的形式梳理运动与力（包括弹力、重力、摩擦力、浮力）相关知识。	A1记忆 A2概括关联	通过课前任务，引导学生回顾知识，初步建立关联。
环节1：概括知识关联，建立认识对象的认知模型	1.评价学生梳理的知识，归纳涉及哪几类知识。	A2概括关联	指导学生建立表格形式的各种力的认知模型，初步建立"影响因素→力→运动状态"的认知模型。
环节2：尝试应用认知模型，建立问题处理的认知模型	2.设计实验探究影响滑动摩擦力大小的因素。	C2科学探究 B3实验设计	利用设计探究实验的活动任务，深入理解认识对象的知识体系，认识以科学模型为中心的科学思维方式。

续表

教学环节	教学思路	任务类型	教学设计意图
环节3：直接应用，提出基于模型认知的问题解决思维方式	3.思考：如图甲所示，水平地面上的一物体，受到方向不变的水平推力F的作用，F的大小与时间t的关系和物体的速度v与时间t的关系如图乙所示。 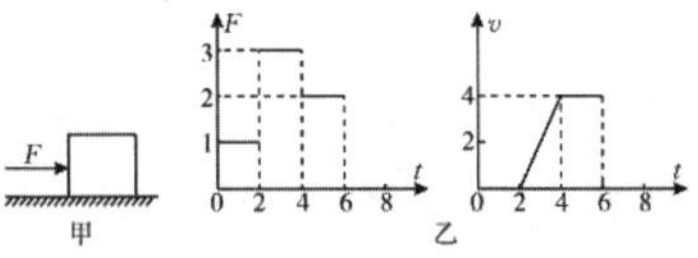 （1）由图像可知，当t＝1s时，物体处于_____状态。 （2）当t＝3s时，物体受到的摩擦力为_____。 （3）当t＝5s时，物体受到的摩擦力为_____。	B1分析解释 B2推论预测	通过分析经典运动与力问题，形成基于每个情境建立"运动与力"模型的分析思维方式。 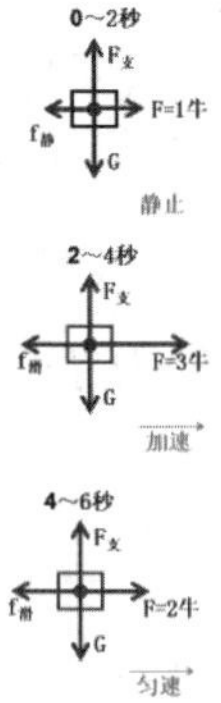 0~2秒 F=1牛 静止 2~4秒 F=3牛 加速 4~6秒 F=2牛 匀速
环节4：应用巩固，开展教学评价	4.应用："蹦极"是一项很有挑战性的运动。如图所示，蹦极者将一根有弹性的绳子系在身上，另一端固定在跳台上，然后从跳台跳下，落至图中a点时弹性绳刚好被拉直，下落至图中b点时弹性绳对人的拉力与人受到的重力大小相等，图中c点是蹦极者所能达到的最低点。请预测蹦极者整个下落过程中的运动情况。 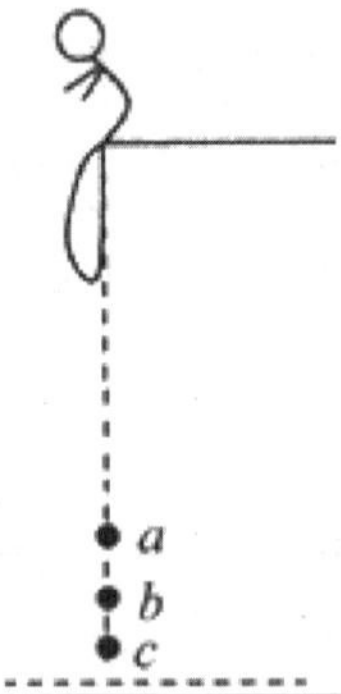	B2推理预测 C1综合复杂问题解决	将模型认知理念应用于真实复杂问题的解决，培养学生模型认知意识，提升解决问题的能力，增加解决陌生问题的信心。
总结环节：提炼强调模型认知的问题解决思路	见图2	—	回顾具体问题的解决过程，认识模型认知的问题解决核心认识方式——科学模型和重要认识角度——运动与力的关系。

第二课时是"运动与力"在浮力部分的具体化，整个教学活动以真实情境问题解决为抓手，让学生在探究过程中利用模型认知处理陌生情境问题，设计的能力任务以探究创新、实践应用为主。本课时将浮力问题纳入"运动与力"板块，用上一课时的模型认知理念处理有关浮力的真实复杂情境问题，具体见表3。

表3 基于模型认知的"运动与力"复习教学（第2课时）

教学环节	教学思路	任务类型	教学设计意图
环节1：展示情境，呈现研究问题	情境：准备送同学们海绵宝宝，结果却一个不小心掉进了量筒。 任务：除了倒之外还有哪些方法能取出？	A1观察记忆 C3创新思维	以生活中的真实情境作为研究任务，从基于经验的问题解决提升到基于模型认知的解决问题的科学思维方式。
环节2：开展科学探究，利用模型认知分析原因	生：往量筒中加水，让海绵宝宝浮起来。	C2探究能力 B1分析解释	基于经验建立猜想并探究求证，建立下图科学模型，从"力→运动"的认识角度分析原因，进而寻求新的问题解决方式。 $\uparrow F_{支}$ $\uparrow F_{浮}$ $\Box$ 静止 $\downarrow G$

续表

教学环节	教学思路	任务类型	教学设计意图
环节3：深化用模，以"运动与力"模型为核心，设计解决方案	师：实现浮起来（向上加速运动），关键要使浮力大于重力。 生：往水中加盐并搅拌溶解，等海绵宝宝吸水膨胀浮起来。	B2推理预测 C3创新思维	以下图"运动与力"模型为中心，从"力→运动""ρ液、$V_{排}$→浮力"两个认识角度综合分析，创新性地解决问题。
环节4：分析问题解决过程，突出模型认知关键	回顾整个问题解决的过程，你觉得哪些环节的分析对于这个问题的解决最有启发？	A2概括关联	通过概括关联，进一步明确模型认识的问题解决思路，研究问题抽象情境，建立模型，选择认识角度，解决问题。
环节5：应用模型认知，开展教学评价	应用： 用轮船将货物从上海海边沿长江运到武汉，货物装载需注意什么？	B2推论预测 C1综合复杂问题解决	以模型认知认识方式的四个环节评价学生的问题解决能力。

（三）教学效果分析

（1）基于模型认知的复习教学促进学生知识体系化、系统化，使知识理解更深入。通过课前学生自主梳理运动与力相关知识作铺垫，课堂教学让学生分析知识间联系，实现孤立知识的体系化，用统一的认识角度、认识方式去理解掌握知识，进而为基于模型认知的问题解决奠定扎实基础。如认识各种力，可用表4中的几个维度去系统化认识。

表4　系统化认识各种力

力	弹力	重力	滑动摩擦力	静摩擦力	浮力
产生	物体因形变而产生	地球吸引	两接触物体发生相对运动	两接触物体发生相对运动趋势	液（气）体对浸入其中物体产生上下压力差
施力物体		地球			液体、气体
受力物体		地球附近的物体			浸入的固体、液体、气体
大小	形变程度（弹性限度内，形变越大弹力越大）	$G=mg$	受压力大小、粗糙程度影响		受 $\rho_液$、$V_排$ 影响（$F_浮=\rho_液 g V_排$）
方向	恢复形变的方向	竖直向下	相对运动方向相反	相对运动趋势相反	竖直向上
作用点		重心			

（2）基于模型认知的复习教学符合学科特色，顺应学生心理，提升陌生情境下复杂问题的解决能力。一方面，科学的特色就是研究纷繁复杂的客观事物，分析事物发展变化规律，而影响事物发展变化的因素有主次之分，这和以科学模型为基础的模型认知一致；另一方面，学生解决问题最大的困难在于无从下手，解决问题时有了以科学模型为中心、从一定认识角度采用稳定的认识方式的知识模型，大大提升陌生情境下复杂问题的解决能力。

四、实施策略

（一）以真实情境为素材
科学要研究各种自然现象，寻找它们产生、发展的原因和规律，进而解决各种客观问题，所以真实情境是科学的基本对象。

（二）以任务为导向
模型认知的建立、应用主体都是学生，只有发挥学生的主动性，促进其深度思考，教学才能高效，而其中以任务驱动、引导才能真正促进学生分析、概括、内化、应用。

（三）以思维可视化为手段

基于模型认知的问题解决核心是普适的科学思维，思维可视化一方面为分析问题指明方向，为最终解决问题设置铺垫；另一方面增加新的评价角度，促进教学更好地实施。

【参考文献】

[1]曹宝龙.物理模型的建构与教学建议[J].物理教学探讨，2016，34（05）:1-5.

[2]王磊，郭晓丽，王澜，等.元素化合物认识模型及其在复习教学中的应用：以高中《化学1》"金属元素及其化合物"单元复习为例[J].化学教育，2015，36（05）:15-21.

三单共举：指向深度参与的
同步课堂教学策略研究

【摘要】 本研究旨在突破同步课堂实施过程中组织形式局限、教学方式不适、学生学习低效的问题，积极探索以问题单、探索单、应用单为载体，通过借助同步课堂等人工智能辅助系统探索开展精细化评价和多形式助力学习，实现学生在同步课堂中深入参与课堂学习。

【关键词】 同步课堂；深度参与；三单

一、研究缘起

（一）研究的背景

为积极落实浙江省教育厅关于《"互联网+义务教育1000所中小学校结对帮扶"民生实事工作方案》的要求，依托互联网等技术优势，创新中小学结对帮扶机制，促进优质教育资源共建共享，扩大优质教育资源辐射面，推动城乡义务教育优质均衡发展，首批学校试点半年来发现的一些情况值得研究改进。

1.同步课堂形式多样，但学生学习效率低下

自有关部门于2022年4月确定并组织14对城乡学校签约成为首批同步课堂试点学校，并要求6月底前完成同步教室设备建设及课堂试教，我校利用暑假积极准备，在两个多月时间开设20多节课，包括数学、科学等基础课程，英语口语交际的拓展性课程和名师远程专递课堂，可谓课堂形式多样，教学内容丰富。但不可否认的是，还存在设备稳定性不佳、无法消除的声音延迟、上课教师不适应同

步课堂等原因，致使受援方学生学习效率低下、思考不足，有些甚至不在学习而在看别人上课。

2. 教师课堂组织管理能力不足

教师在课堂教学活动中有效组织管理学生的数量是有限的，这个限度不仅取决于学生的年龄、层次、兴趣爱好、学习内容，也和教师设计的教学方式、课堂组织形式密切相关，同步课堂使学生人数增加一倍，直接导致教师课堂组织管理能力无法在短时间内跟上；而同步课堂这一全新教学形态中，电视、麦克风、扬声器的组合又不如现场课堂组织管理来得及时有效，更是让本就捉襟见肘的教师课堂组织管理能力显得更加力不从心。再加上去年同步课堂开设时间短、任务重，教师开课前培训准备不足，种种因素叠加，这一问题暴露得更加明显。

3.学情多样，难因材施教

一方面，开展同步课堂教学的老师，需要同时给两个班级学生上课，不仅学生人数翻倍，导致学情更加多样，同时还存在两个班级整体学习情况的差异，这给教师设计教学方法带来很大困难；另一方面，上课教师只能通过一个70寸的电视机屏幕获得受援方班级整体的课堂反馈信息，无法像现场一样聚焦了解某个或一部分学生学习的过程，这进一步导致教师难以组织开展教学活动并进行有针对性的调整。

4.教学过程中师生交互不足

一方面，虽然借助同步设备实现了师生间的信息交换，但教师获得整个受援班学生信息只能通过一个小小的屏幕，无法全面获取某个或某些学生持续的信息，给教师和学生个体间互动带来困难；另一方面，缺少了面对面时才有的目光接触，无法实现师生间有效视觉信息交换，进一步限制了师生互动的开展。再者，对于很多受援方学生而言，通过镜头和麦克风实现的互动，缺少现场感，还容易增加紧张和拘束，难以进入学习状态，进而影响师生互动。

（二）研究意义

同步课堂作为创新学校结对帮扶机制、推进优质教学资源共享、实现城乡教育均衡发展的一项新举措，是整个"互联网+义务教育"项目的核心组成，是从课程、教学、评价层面开展的微观教育均衡，是更深层次、更具体的教育均衡，是对教育权利、机会、结构、制度等宏观教育均衡和资源配置等中观教育均衡的有力补充。同步课堂虽不是新事物，但以往的研究主要集中在创建同步课堂的角度，解决了"从无到有"的问题，却很少涉及同步课堂中无现场感、弱交互性等带来学习参与不够深入的研究，即缺少同步课堂"从有到优"的研究。

本课题结合学科特点开展同步课堂教学策略的研究，不仅是对省教育厅教育均衡民生工程的积极响应，也是带领教师更加深入研究课堂、研究教学的一个很好契机。通过课题研究更好地促进受援方学生深度参与课堂教学，高效地开展课堂学习；同时，加强双方教师的交流，共享教学资源和教学智慧，共同提升对教学、对课堂的理解，促进教师思想、能力的提升，达到短期利好学生学习、中期利好教师成长、长期利好学校发展的新局面。

二、研究设计

（一）研究的主要目标

本课题研究的直接目的是为更好推进浙江省教育厅《"互联网+义务教育1000所中小学校结对帮扶"民生实事工作方案》的相关要求，通过研究教学内容、教学方法模式，在实践中总结优化适合同步课堂特点的教学策略，最大限度提升受援方学生课堂深度参与度，提高教学效率，并完成课题研究报告。

以课题研究为契机，带领同步课堂项目相关教师参与教学研究，共同分析教学内容与教法、学情与教法、教学目标与教法等相互关系，在研究中提升教师教学教研能力，促进教师成长，并努力促成相关研究成果的产出。

以课题研究为基础，加强两校教师间合作交流，共同克服同步课堂中的困难，共享教学资源，共通教学经验，以此促进受援方教师教学水平的提高。

（二）核心概念

1.三单

直面学生学习过程中的各种困难，采用学习任务单的形式，让学生在任务单的引导下，主动完成相应任务，主动、深度参与同步课堂学习，同时及时有效开展评价，不断改进学习过程，实现学习成果最大化。任务单根据总体目的不同，具体分为三种形式：问题单、探索单、应用单。问题单主要是复习梳理关联旧知、探究类似问题解决方法，为学生解决新问题、学习新知建立关联铺垫；探索单是对学生新情境分析、新问题解决、新知识学习的任务引导单，以思维培养为目标；应用单主要针对知识的应用，评价学习成果并根据教学目标及时开展相应的后续教学。

2.同步课堂

同步课堂是指通过摄像头和麦克风等采集场景和声音信息，以区教育网络专线为信息传输渠道，将己方教室内教学活动场景、声音，以及一体机上课件、视频素材等在对方教室同步共享，通过智慧平板、智慧教育辅助系统等实现任务布置、教学评价实时开展，最终实现教师同时同步给两个班学生上课的新型课堂形式。同步课堂策略是指为了在一定程度上克服同步课堂教学中现场感弱、交互性差等影响远端学生学习的制约因素，充分发掘教学内容、教学方式特点，从教学设计、教学组织、教学实施层面研究探索适合远程同步课堂实际的教学方法。

3.深度参与

深度参与是指学生在教师的引导下，针对学习中有挑战性的问题，全身心积极参与，发现问题、分析问题、解决问题，进而体验成功并获得发展的有意义的学习过程。深度参与绝非学生在行为上简单的操作和练习等外显表现，而是包括了学生在认知、行为和情感三个方面的综合表现，三者彼此关联、相互伴随。原有的认知和积极的情感决定了主动的行为，而主动行为又促进了学生认知的提升和积极情感的强化。

（三）文献综述

教育均衡问题不仅存在于区域间，也存在于城乡学校间，借助同步课堂在一定程度上缩小办学水平和教育质量差距，也是政府和教育界的共同思路之一。检索中国知网数据库，以"主题=同步课堂"作为检索条件，截至2020年3月9日，共检索得到36篇论文，其中22篇为近五年发表，占总数的61%，这反映了同步课堂研究在近几年的兴起，这种兴起也和近几年国家网络升级给同步课堂开设提供硬件保障密不可分。这36篇中有21篇是关于同步课堂的整体建设和组织的研究，4篇是同步课堂应用案例，3篇是关于同步课堂理论方面的研究，4篇是关于同步课堂的各类调查论文。总体而言，这些研究主要以同步课堂现状、理论分析和创建实践为主，属于同步课堂"从无到有"的可行性研究，其中有3篇是关于网络同步课堂教学模式的研究，1篇是关于网络同步课堂和学生参与的理论研究。可见，同步课堂的研究总体还处在初级阶段，相关研究从整体层面总结了同步课堂的实施方案及少量具体案例，以及从理论层面论证了同步课堂相关制约因素，但研究很少涉及中学，很少涉及面向全体学生，很少涉及文化学科教学，这种先易后难的思路是同步课堂"从无到有"阶段的必然选择，离促进微观教育均衡还有较大距离。

　　本课题面向全体学生，聚焦初中文化学科的同步课堂教学，根据不同教学内容特点，制定有针对性的教学策略，从而克服远程同步课堂各种弊端，促进远端学生深入参与课堂，提升课堂学习效率，真正做到同步课堂"从有到优"的转变。

（四）研究策略和方法

1.研究策略

　　坚持基于理论指导下的教学探索与实践创新相结合，通过理论学习和经验总结，完成顶层设计，构建设计方案；通过各学科实践不断改进推进同步课堂，并总结有效的教学策略；在实践中，最终形成系统、有效的同步课堂教学策略。具体研究的技术线路如图1所示。

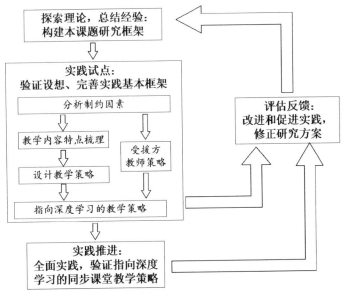

图1　技术线路图

2.研究方法

（1）经验总结法：在研究中根据研究资料和过程观察，对积累的经验进行分析、小结和评价，对实施过程进行调控，揭示存在的问题，明确今后的研究方向，促使课题扎实有效地开展。

（2）案例研究法：在研究的过程中，收集典型案例进行研究，总结经验，找出规律性的东西，从而形成新范式并进行推广应用。

（3）行动研究法：在课题研究的过程中重视理论价值与应用价值的结合，重视教师将科学的、先进的教育理念向具体教育行为转化的动态过程。教师通过学习，不断修正自己的教育教学思想；教师通过实践，不断修正自己的教育教学行为。

三、研究过程

（一）同步课堂学习低效成因分析

1.课堂组织形式局限

浙江省教育厅基于共研教育教学形式、共享优质教育资源、共促教育发展的美好愿景，除了努力推进教师协同教研、教师城乡交流、教育集团化办学等措施之外，还有在技术层面促进教育均衡化发展的新思路，但却无法在短期内迅速扭转学生多年来养成的被动、半被动的学习习惯，以至于以往靠老师各种身体语言、氛围调动等方式勉强开展起来的课堂学习形态，在同步课堂中让学生失去深度学习的动力，课堂学习效率大幅下降。

2.课堂教学形式局限

以核心素养培养为目标的新一轮教育改革轰轰烈烈推进之时，项目化、任务驱动、探究式教学等新教学形态风起云涌，但不得不承认的是，传统的讲授、演示、练习、讨论等方式在课堂教学中比比皆是，教师也非常熟练并习惯性地应用于每一节课，而学生也已习惯听、记、背、练等学习方式。当教师面对尽量少的学生时，可以通过不断提醒、不断提问等方式迅速帮助学生摆脱低效学习，而同步课堂中教师要面对两个班级的学生，面对电视机屏幕中受援方众多难以辨认细微表情的学生，自然无法通过以往教学方式方法促使学生持续进行深度学习。

3.学生学习习惯局限

长期以来，学生已经熟悉了以知识为主、以方法为辅的学习目标，直接等待老师告知知识、演示方法，这种看起来高效快捷的学习方式已经成为学生学习的习惯。殊不知，这种学习方式很难转化为问题解决的能力和智慧，也无助于提升学生的核心素养。学科知识只是形成学科核心素养的载体，而非学习唯一目标，学科活动不是可有可无的点缀，是形成学科核心素养的渠道。改变学生的学习方式，使学生积极主动地解决问题，经历思维深度参与的学习活动，唯有通过探究和实践，这样其学习过程才能成为素养发展的过程。

4.学生思维发展局限

数字化时代认知方式多样化、信息海量化、信息获取便捷化，导致学生的学习方式也越来越碎片化，即习惯于短平快地获取知识，希望知识的应用直接高效，不追求知识的由来、不追求知识间的关系，一味地希望直接获得各种现成问题解决方案，而非自主创新问题的解决方案。表现在学习上是只求学习的结果，而非学习的过程；表现在学习情绪上则是学习注意力集中时间越来越短，思维深度越来越浅。

（二）三单设计

为突破同步课堂学习低效的现状，更高效、有意义地完成"互联网+义务教育"的工作任务，采用问题单、探索单、应用单三种形式克服教学中的困难，提升同步课堂质量和效率。

1.问题单

为提升同步课堂学生的深度参与度，确保正常的教学目标全额完整，一方面通过创建情境，激发学生主动探索、深度参与课堂学习，依次提升学习的深度和有效性；另一方面要适时挖掘课前课后学习时间，提升学习广度。以此设想，适当地将部分学习任务呈现给学生，让学生能在一定的引导下自主思考，并带着一定的观点、思考成果或必要的准备开展新课内容的学习。问题单是以学科问题为基础、学生问题为起点，围绕新课的核心问题引出相关基础性问题的解决而设计的任务单，故而命名为"问题单"。

（1）问题单编制原则。

①关联性。

问题单作为同步课堂新课学习的前置任务，其编制的目的是有利于学生主动开展新课内容的学习，这就意味着其内容更多是为新课学习做好关联知识的铺垫或科学研究方法的准备，而非简单新课内容的阅读和概括。

②启发性。

问题单的描述要与学生的水平相契合，具有一定的启发作用。比如，学习摩擦力一节，首先应该让学生回顾弹力、重力学习时采用什么样的学习思路，为新课探究认识摩擦力做好准备，而非直接回顾第二节时力是怎么学习的。

③开放性。

问题单的内容应该开放，以此作为学生知识面拓展的一种途径；问题单的形式也应该开放，不可用选择题、填空题等形式，而应用问答题形式提问。再者，开放性更要在思想上让学生敢于用自己的语言去描述现象、得出结论、分析问题，让学生能在小组、班级交流讨论中真正表达自己的观点和想法。

（2）问题单编制结构和内容。

①知识梳理。

问题单作为正式课堂教学前的学习任务，其目的是给新课学习做好知识的唤醒和铺垫，指引学生如何将相关知识进行结构化梳理、如何从系统性回顾中寻找规律，为新知识的学习、新问题的解决找出适合的方案。

②学法指南。

让学生在复习回顾旧知识的过程中总结归纳学习方法，在熟悉学习方法的同时更深入地理解科学方法对问题发现、问题分析、问题解决所起到的重大作用，为后续熟练使用科学方法做好必要的引导。

③课前实验体验。

问题单作为科学课前自主学习的任务清单，主要是对学生学习活动的引领，但作为教学活动的一部分，学生可以根据问题单的要求在家或在校积极开展一定的体验式实验，让学生有更多时间和精力聚焦具体核心问题。

④自主学习反馈。

这是学生们学习之后对学习过程的反思和回顾，可以进一步加深他们对新学知识的认识和思考，并对自身学习过程进行总结，最终带着自己的疑惑和收获进入新课学习。

（3）问题单编制案例。

<h3 style="text-align:center">_____探秘</h3>
（课前问题单）

班级_____小组_____姓名_____

亲爱的同学，为防止前人已有的科学知识对你的思维产生定势，请在不翻阅课本及教辅资料的情况下独立完成以下预学作业。

任务一: 指出人体普通细胞各结构的名称。

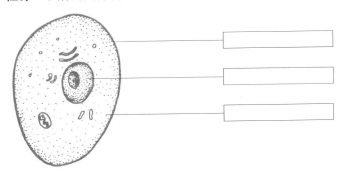

细胞是动物和植物的_____的基本单位。

科普小知识1:

人体不同组织具有不同的功能，构成的细胞形态也千差万别，比如下图展示的几种神经细胞，让我们一起来感受它们和普通细胞的差别吧……

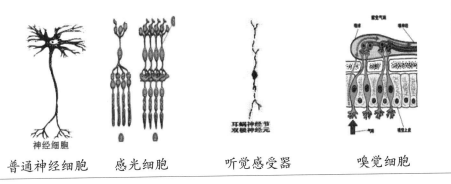

| 普通神经细胞 | 感光细胞 | 听觉感受器 | 嗅觉细胞 |

科普小知识2：

人体最长的细胞

一般的人体细胞都很微小，只有在显微镜下才能看清它们的面貌。但也有长达1米以上的细胞，那就是神经细胞（又称"神经元"），它是构成神经系统结构和功能的基本单位。人脑中就含有140亿～200亿个神经细胞，在出生时就是已经分化的细胞，不可能再进行分裂繁殖，其数量随年龄增加或种种有害因素只可能减少，不可能增加。大脑的神经细胞生命力很强，可以与人的寿命同时起步、同时终止。神经细胞的结构分为两部分——细胞体和突起。细胞体是神经细胞的主体部分，包含细胞核及其周围细胞质；而突起是由细胞体向外延伸出来的细长部分，根据结构和功能不同，可分为树突和轴突。每个神经细胞的树突短且往往有多个，能接受刺激并将兴奋传入细胞体；而轴突长且每个神经元只有一个，能把兴奋从细胞体传出，送到另一个神经元或其他组织，如肌肉或腺体。在长的轴突上套有一层鞘，组成神经纤维，它的末端的细小分支叫作"轴突分支"。细胞体位于脑、脊髓和神经节中，细胞突起可延伸至全身各器官和组织中。

任务二：根据以上阅读完成下面问题，看看你的理解能力。

①在下图方框中填写相应的名称（树突、细胞体、轴突），横线上填写结构特点和作用。

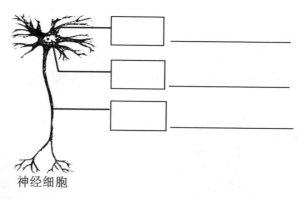

神经细胞

②根据资料，与任务一中的普通细胞相比，找出神经细胞在形态结构上与普通细胞的不同之处。

任务三：

小时候有很多游戏是反映游戏者动作快慢的，给你一块巧克力，请你设计实验方案测出小组内谁的动作更快，并准备到课堂上进行展示。

第一步：＿＿＿＿＿＿＿＿＿＿

第二步：＿＿＿＿＿＿＿＿＿＿

第三步：＿＿＿＿＿＿＿＿＿＿

2. 探索单

探索单是根据课时教学目标、学生学情和同步课堂的具体组织形态编制的，为指导学生进行自主、深度参与课堂学习的学习方案。探索单强调对学生科学思维及解决问题的能力和品质的培养，突出学生在学习中的主体性，探索单不仅是一种纸质任务单，更借助智慧教室任务布置评价系统，根据学生不同需求有侧重点地提供引导，不同层次助力学生学习。

（1）探索单编制原则。

①主导和主题相结合。

探索单的编制最终目的是要体现学生课堂学习的主体性，将学习还给学生，让学生通过分析问题实现认知迁移，进而建构认知模型、创建问题解决方案，并通过多种途径评价问题解决方案，改进完善学习成果。而教师的主导性则是学生高效学习的保障，体现在探索单编制时，教师要对学习素材进行选择、加工、改造，以符合学生学习的最近发展区。

②面向全体。

同步课堂的实施目的就是为了更好地推进优质教学资源共享，如果无法做到面向全体学生，包括支援方、受援方学生，学优生、学困生，前排学生、后排学生，也就失去了同步课堂的实施意义。而如何平衡不同学生的需求，就要求探索单编制中要体现层次性，具体而言，包括提供可选择的教学方法和策略指导，提供不同数量的教学任务，提供不同程度的教学评价要求，提供不同课型相应的特性化探索单，等等。

③注重思维培养。

思维是现代社会生存发展的必要条件，是学生终身发展的必备基础，思维培养是学科核心素养中非常重要的一环，而科学思维培养意味着很多问题的提出、分析、探索都是发展性的，这是以往纸质任务单无法解决的问题，也是很多学科教学需要体现教师及时参与的原因之一，借助智慧教室的睿智智慧教育系统，可以非常完美地解决科学思维培养中教师引导作用的及时性、有针对性的问题。

（2）探索单编制结构和内容。

①创设真实又简单的问题情境。

生动活泼的情境能激发学生学习的热情，让学生能保持旺盛的求知欲，同时也是培养学生解决问题能力的载体。这种有一定复杂性、挑战性的具体情境给学生提供了深度交流的机会，以体验和享受合作成果，引导学生在实验中如实记录、客观分析实验现象，遵循基本的科学伦理和道德规范。

②设计趣味性强且有挑战性的研究问题。

探索单是同步课堂中引导学生开展自主探索学习的指向标，设计的问题应该是能激发学生探索求知的重要手段，是同步课堂中教师引导学生学习的主要延伸。教师要依据教学目标、教学内容，依据学生实际学情，遵循学生认知的思维发展特点，精心设计问题链，让问题提出、分析、探索过程水到渠成，同时又有一定的层次和梯度，满足不同学生的需要。

③开展及时且有启发的学法指导。

探索单主要是指导学生如何学，而学法指导更多地需要让学生从已有知识学习过程中理解、梳理出相应的学习方法，并在深度理解中迁移到新内容的学习过程中去，最终达到引导学生主动阅读、主动思考、主动查找资料、主动寻找证据、主动设计解决方案、主动规划时间、主动练习的目的。学法指导包括理解教材问题图片表达意图，模型化分析问题、规范化表达，是各种记忆方法、理解角度、理论运用等活动方式的指导和疑难问题的索引、提示的综合。

（3）探索单编制案例。

---

§4.5 植物的叶和蒸腾作用
（课堂探索单）

【思考】

你怎么看待植物叶片的形态、结构和功能？（如不确定回答思路，请点击平板上的"引导提示"）

【活动1】

（完成活动，并思考）

①为什么不用塑料袋将整个盆景包起来？

②为什么在阳光下看不到水珠，但将植物搬到室内就更容易观察到塑料袋内壁出现水珠？

③实验在阳光照射下进行，有何目的？

④植物的根辛辛苦苦从土中吸收水分，结果叶片却将水分直接散失到空气中，植物的这种水分散失是否显得多余而没有意义？为什么？

【探究】

植物蒸腾作用的快慢与哪些因素有关？请设计实验验证。

【活动2】

①向蓝色氯化钴试纸滴一滴水，观察试纸有何变化。

用口向蓝色的氯化钴试纸呵气，观察试纸有何变化。

②验证有无水蒸气的方法有哪些？ 本活动中为何选择无水氯化钴试纸？

【活动3】

①取一片叶子，浸在盛有60℃左右水的烧杯中，仔细观察，叶片两面的气泡数目哪一面多？为什么？

②在低倍显微镜下观察叶片的表皮细胞。它们呈什么形状？在装片上找一找有没有半月形的细胞？

然后，再换用高倍显微镜仔细观察半月形细胞。它里面有没有叶绿体？请把你的观察结果绘制在下面的圆圈内。

3. 应用单

应用单通过将科学观念、科学思维在现实情境中的应用，对同步课堂这一特殊学习形态的课堂学习结果进行评价，帮助教师发现学生在同步课堂学习的状况、过程和需求，进而作为开展后续教学的基础。同时，也让学生看到自己在一节课学习中的进步和不足，进而作为后续学习的新起点。应用单一方面要让学生能清晰地认识到自己在课堂上的学习深入程度，以及自主学习的成果和不足；另一方面要能为学生后续进一步学习起到引导作用。

（1）应用单编制原则。

①针对性。

应用单包含对学生本课时所学内容的应用和评价两大功能，无论要实现哪项功能都要有针对性，与课堂教学目标相一致，与本课时学习的科学知识、科学方法、科学思维相一致，不仅要评价学习的结果，还要评价学生学习的深度、评价学生学习的过程。

②导向性。

应用单在同步课堂中发挥评价目的，意味着编制的内容要有利于引导学生在应用中找到自身学习中的不足，进而能开展后续的二次学习，有利于学生增进对形成知识科学方法的理解，提升学生的学科素养；有利于给学生后续学习确立明确目标，让学生思想和行为向应用单靠拢。

③多元化。

应用单要满足更多学生的需要，要能适用于更加复杂的学生实际情况，通过发掘多样化的真实情境中的知识应用，采用多种不同的应用形式，实现学生所学的具体应用，在应用中提升学生分析问题、解决具体问题的能力和品质。在知识和方法的应用过程汇总中，检验学生对知识的理解、对方法应用的领悟，进而激励学生后续深度参与课堂学习。

（2）应用单编制结构和内容。

①情境作载体。

深度学习要求学生围绕学习主题，全身心参与以各种情境或实验为主的多种探究活动及情境互动，运用已有的各种知识、方法分析情境，建立模型、推理论证，最后自主建构知识。所以，培养学科核心素养的载体在于情境，应用单的呈现内容也应该是情境，或者从情境出发衍生。避免出现单纯的知识记忆和理解的考察。

②分析是重点。

深度参与同步课堂是一种学习的过程，而非学习的结果，注重对问题的分析和逻辑推理等过程，因此学习任务也应注重对知识、方法、思维方式的应用，而非知识本身的简单再现或者转述。具体而言，应用单更多应是以主观表述为主，而非客观选择或者填空形式，应注重问题的提出、分析、建模、推理、实验、结论、评价、改进等整个过程。

③标准有保障。

应用单不仅是对所学的一种应用，还是对所学的一种评价，这个评价要求在短时间、缺少老师支持的情况下做出，并快速反馈给学习者，指导学习者开展后续学习。因此，应用问题解决方案的评价标准不仅要有保障，还要包括评价标准制定的由来，便于让学生在自主评价分析后，有针对性地开展相应的补充学习。

（3）应用单编制案例。

物质的构成
（课堂应用单）

班级：_____ 姓名：_____ 学号：_____

【任务一】

比一比，看哪个组能用提供的器材，展示构成方糖的最小颗粒，并用一两句话介绍操作步骤。

（方糖、小刀、玻璃棒、烧杯、水、研钵）

> 研钵使用注意：
> 1.盛放固体量不超其容积的1/3；
> 2.大块固体只能用研杵压碎，不能用研杵捣碎；
> 3.研磨时，研杵应保持垂直。

【任务二】

请同学们发挥想象，画出自己心里水分子怎样构成水。

物质的构成

课堂应用单

【应用分析一】

请利用刚建构的模型，解释以下现象：

①油脂凝固后上表面的凹陷；

②水烧开时，锅盖被顶起。

【应用分析二】

请用进一步完善后的物质构成模型，解释蔗糖溶于水的现象。

【应用分析三】

请用进一步完善后的物质构成模型，解释铁块难以被压缩或拉伸的现象。

（三）三单应用

针对学生在同步课堂中所表现出的状态及时开展多途径、全方位的评定，不仅是教学的必要环节，更是促进后续学习开展的基础。通过观察学习的产物和结果，既要判断学生的学习是否真正发生、是否深度参与以及是否达到某种程度，也要判断学生是否学到了新的学习态度或自我调控策略，甚至是否因为学习的过程出现了兴趣、价值观、自我效能感和动机的改变。根据同步课堂的实际，采用以下三种评价方式进行科学学习评价。

1.智能评价

随着计算机图文识别技术和互联网大数据的快速发展，各种自动批阅系统越来越完善，将同步课堂与智慧教室联合建设，可利用睿智智慧教育软件实现选择题、填空题的系统直接自动批阅和阅后数据分析，或者对人工手动进行的批阅结果进行单纯的数据统计分析。

相比于传统的人工批改，智能评价批改系统能更直观、快速地生成学生学习的评价，这种快速、量化的评价一方面激发学生的积极性，另一方面快速为学生后续学习指明方向，实现学习深度化，进而最终提高了学习效率。对老师而言，智能评价批改系统辅助教师提供个性化的评价，大大降低了教师工作的强度，提升教学的实效性，同时生成的分析报告也为教师后续教学指明了方向。而根据统计生成的错题报告，也能为后续学生的巩固提升提供保障。再者，睿智智慧教育系统还能为家长提供参看功能，这项功能在没有增加教师额外工作量的前提下，为家长及时了解学生学习情况提供了便利，为促进家校协力合作打下新的基础。

但不可否认，包括睿智教育在内的智能批改系统与人工批阅还有很大的差距，尤其是主观表述类问题。首先，智能评价只是人工评价的一个小小补充，只是对部分习题的简单评价，使用过程中主要应用于比较客观的选择题和少部分的填空题，尤其是英语、数学、科学学科；其次，智能评价只能对学生学习的结果进行评价，不能对学生的分析过程进行评价，无法评价学生深度参与课程的情况；最后，睿智智慧评价系统因为是将学生书写的结果拍照进行分析，受到很多同学书写字迹差异的影响，所以评价的成功率也受到一定的影响。

综上所述，智能评价只是对课堂评价的一个小小补充，在同步课堂实践中，更多的是利用系统的数据统计功能，为教师教学提供学情收集。（图2）

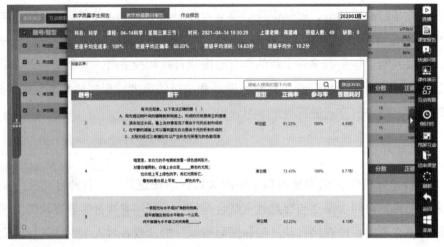

图2　系统数据统计示例

2.学生自评

学生自评是区别于他人评价的一种评价方式，优点是不受时间、空间的限制，随时随地都可以开展。学生自评不仅开展对学习结果的评价，更因为清晰了解整个学习的过程、细节，了解思维变化，了解自身情感、态度、价值观等内在变化，还评价自身学习的方方面面情况。

为最大限度避免自我判断的主观性、自我认识的不足性等因素制约学生自评有效实施，学生自评中往往采用问卷、访谈、刺激回忆、有声思维和对话的形式。结合同步课堂教学实际，主要采用问卷调查的方式开展，即向学生提出一些有关他们想法的问题，让学生可以据此写下他们从事的各种活动，评价自己的能力水平。

学生自评开展的顺利与否、有效与否，关键是要制定一套可靠有效的问卷系统，经过多次实践摸索后，我们逐渐形成了以下自我评价策略共识。

（1）自我评价要量化。学生对评价数据的敏感远超简单笼统的定性评价，量化数据更能激起学生深度参与课堂和主动学习的积极性。当然在具体的实践中要尽量避免学生之间的简单横向排名，要引导学生用对比某个同学、对比自己的过去等多种标准衡量自己的进步情况。

（2）评价标准要简洁清晰。一方面，评价标准是教学目标在问题上的具体化，评价标准的清晰简洁是指评价标准要清楚地指出针对哪个问题，要清楚地指出不同程度回答的评分细则，方便不同层次学生能独立开展自我评价；另一方面，不仅要知晓如何评价，也要知晓为什么这样评价的原因，以便指导学生深入思考知识建构、科学方法的应用、科学思维的养成过程。

例如：针对探究种子萌发影响因素的实验方案设计中，在让学生自己设计实验后，（图3）通过量化自评表（表1）促进学生深度参与课堂学习。

种子萌发需要什么条件

1. 研究种子萌发条件时，我们先要列出可能影响种子萌发的所有因素，如温度、水分、空气等。我们如何探究这些因素对种子萌发的影响呢？图1-35是探究豌豆种子萌发条件的一个实验方案，你认为这一方案能研究哪些因素对种子萌发的影响呢？

甲组环境温度20℃左右　　乙组环境温度40℃左右　　丙组环境温度约0℃

图1-35　豌豆种子萌发的条件

2. 请根据图中豌豆种子萌发的实验方案，填写表格。

表1-2　记录表

	A种子			B种子			C种子		
	水分	空气	温度	水分	空气	温度	水分	空气	温度
甲组									
乙组									
丙组									

(1) 各组的A种子、B种子和C种子之间存在什么差异？

(2) 能否对甲组的B种子与乙组的A种子的萌发情况进行比较？为什么？

(3) 甲、乙、丙组中的A、B、C种子各用一颗豌豆种子进行实验，你认为应如何改进实验，实验结论才能更加可靠？

> 当设计多个因素影响的研究方案时，每一次只改变其中的某一个因素，而控制其余几个因素不变，从而研究被改变的这个因素对事物的影响，这种研究方法叫控制变量法。

3. 上述三组豌豆种子在不同的环境温度下，放置5天。观察各组A、B、C种子发芽的情况。

通过你记录的实验结果，可得出的实验结论是：＿＿

＿＿＿＿＿＿＿＿＿＿＿＿＿＿＿＿＿＿＿＿＿＿＿＿＿＿

＿＿＿＿＿＿＿＿＿＿＿＿＿＿＿＿＿＿＿＿＿＿＿＿＿＿

＿＿＿＿＿＿＿＿＿＿＿＿＿＿＿＿＿＿＿＿＿＿＿＿＿。

4. 若要研究光对豌豆种子萌发是否有影响，按照控制变量法的要求，设计一个实验方案，然后与同学探讨交流。

图3　实验方案设计示例

表1　种子萌发影响因素实验设计量化评价表

评价指标	评价要素	评价标准	评价	
			我做到	我完善
设计实验方案	陈述与操作自变量	根据假设确定本实验的自变量		
		方案中明确如何操作来改变自变量		
	控制无关变量	无关变量应适宜种子的萌发且相同		
	观察因变量	观察本实验的因变量——种子萌发数量（或种子萌发率）		
	列出重要的步骤和实验材料器具	根据假设对照实验，进行分组编号		
		方案体现对材料的选择和处理（选择活着的种子，若种子有坚硬的外壳应适当剥掉一小部分）		
		方案中有减少外来因素干扰的设计（如每组实验中，种子的颗粒数为10粒，实验设计中体现每天换水等）		

3.同伴评价

同伴评价是指由他人对学习者的学习量与质进行评价的一种方式，是日常教学中最主要的一种评价方式，评价的主体可以是教师、家长、同伴等。他人评价是比学生自评更加客观的评价方式，也避免了学生自评因为思维定势导致评价关注角度单一、难以发现学习过程中不足的劣势。但他人评价往往基于观察学习者所做事情或学习活动中表现出来的结果，推断学习过程，在准确评价学习难易、理解深浅、学习态度情感等方面出现问题。另外，评价者只是选择记住某些积极的或消极的行为，造成对真实情况的扭曲，这都会影响评价的客观准确性。

结合同步课堂的实际组织情况，主要扩大同伴评价在实际学习中的实施。

（1）组织形式灵活多样。同伴评价可以一对一、一对多、二对多，甚至小组互评，具体实施要根据教学内容和学生学习表现结果灵活采取不同的形式。一对一同伴评价适用于不同层次学生基本同步完成任务等待评价；一对多、二对多同伴评价适用于不同层次学生完成任务出现明显先后，这时常以一整列为单位，选取完成最快的一两个优等生在自评确认自己正确后再对整组其他同学开展评价；小组互评主要用于大多数学生无解题思路或问题解决方案时，让学生在自评基础上开展小组互评，共同商讨选取各自方案中有利的一面，形成完整的问题解决方案。

（2）反馈信息侧重原因。同伴评价中，不仅对整体结果进行反馈，更要反馈原因。通过一个教学设计，促进参与评价的优等生达到认知维度的"评价"层次，也帮助被评价者顺利完成认识维度的"应用"层次，达到一个教学活动不同层次学生获得不同提升的效果。

（3）评价载体智能化。所谓评价载体智能化是指充分利用睿智教育系统将量化评价表推送到每个同学的平板上，这样同伴评价时评价者先进行自评，后在每个同学的平板上勾选评价其已经完成的项目。一方面给同学的学习情况以清晰准确的评价；另一方面也为教师讲评提供一个参考。具体如表2所示。

表2　学习情况评价表

任务	评价标准	同伴评价 （已做到，点击○）
学习任务： 猴子捞月的故事同学们耳熟能详。如图所示，若月亮在A处，猴子在井边B处能看到井中的"月亮"在A′处，请确定井中"月亮"A′的位置，并画出猴子看到井中"月亮"的光路图。（并保留必要的作图痕迹）	1.是否在审题时标记任务目标；	已做到○
	2.是否画出月亮A的像；	已做到○
	3.画像时是否用虚线；	已做到○
	4.画像时是否大致确保物、像到平面镜的距离相同；	已做到○
	5.画像时虚线和平面镜之间是否有直角符号；	已做到○
	6.确定反射光线的方法是否正确（像与B连线确定反射光线位置）；	已做到○
	7.确定反射光线时，像和B连线的水下部分是否用虚线；	已做到○
	8.是否画了入射光线；	已做到○
	9.光线的箭头是否已标；	已做到○
	10.像的符号"A′"是否已标。	已做到○

（四）二次深度学习

同步课堂中，对学生根据三单开展深入学习成果进行相应评价后，学生根据评价结果对未达目标部分再次开展深入思考、分析。

1.自主式

自主式二次深度学习是学生基于前期学习结果的评价，对应用单中没有达到预期的目标部分，通过二次审题、重新分析、查阅教材、开展实验等一系列学习活动，最大限度独立解决。

2.互助式

互助式二次深度学习是基于前期对学习结果的评价，在学生自助式二次深入学习后，由参与评价的同伴根据量化评价标准针对学生自主式学习后仍存在的疑问进行同伴间互助式学习。

3.师助式

师助式二次深度学习是基于前期对学习结果的评价，在学生自助式二次深入学习后，由参与评价的教师根据量化评价标准针对学生自主式学习后仍存在的疑问进行师助式学习。

根据同步课堂组织实际，受援方教师有相应学科教师共同协助，所以在师助式二次深度学习中，一方面受援方教师可以全程参与学生应用单评价和二次深度学习的具体指导；另一方面支援方教师也能集中系统后台统计的学习情况开展全面二次深度学习指导。

四、教学评价

针对同步课堂建立实施合理的课堂教学评价体系，不仅能发现教学过程中的优点和不足，便于总结经验进一步改进课堂教学、提升学生学习效率，还能促进教师尽快转变教育思想，形成教学模式，更好地开展"互联网+义务教育"，助力微观教育均衡。

基于三单深入参与的同步课堂研究评价应重点关注学生的课堂学习状态，由此我们从两个方面对基于三单的教学模式进行评价——教师教学过程、学生课堂学习活动，具体如表3所示。

表3　教师课堂教学评价参考标准

教学目标	1.指向解决实际问题，培养学科素养； 2.内容呈现体现活动性、趣味性、实践性； 3.研究学科的素养，以核心素养为导向的课程实施。
三单设计	1.创设情境，给出材料，设计问题，分析解决重点，突破难点，总结规律，习得方法，掌握技巧； 2.学习内容有层次性，不同层次的学生学习研究不同层次的问题； 3.形式多样，但不束缚学生分析思维。
组织学习	1.在指向学科核心素养教学目标上，创设情境让学生说中学、做中学、演中学、教中学； 2.小组合作分工有效，小组间有质疑、研讨，学生交流研讨自然，常态； 3.提供给学生丰富的学习机会和展示机会，"助学"方式多元； 4.有当堂的习练反馈。
教师素质	1.对课程内容有娴熟的把握，课程设计有遵循学科素养的特质创意； 2.师生互动亲切，课堂生成自然，教师语言清晰、准确，板书美观； 3.教师热情，或激情或娓娓或温婉，各有感染力。

美国学者埃德加·戴尔（Edgar Dale）以研究语言学习为例，研究采用不同的学习方式，学习者在两周以后还能记住内容（平均学习保持率）的多少，于1946年提出了"学习金字塔"（Cone of Learning）的理论。（图4）

图4　"学习金字塔"理论

基于学习金字塔理论，结合同步课堂实际，我们设计了同步课堂学生深度参与的量化观察表，通过统计不同学习活动时间来衡量学生课堂参与深度，具体如表4所示。

表4　教师课堂教学评价参考标准

学科		年级		时间	月 日
执教人		课题			
序号	学习主题	学习行为 （听讲、回答问题、练习、独立解决、演示、评价）		持续时间 （以0.5分钟为单位计）	备注

五、研究成效

课题开展以来，在两校教师共同努力下，逐渐构建了学生深度参与的同步课堂新模式，丰富了学校的教学模式，提升了同步课堂教学有效性，促进教师教学理念的转变，锻炼了教师深入开展教研的能力，真正实现了优质教学资源的共享共用，满足了学生个性化发展的需要，培养了学生自主学习、合作探究、实践创新的学习素养。

（一）建构"精细量化评价、灵活助学"课堂

"精细量化评价、灵活助学"课堂是教育信息技术和传统教育的无痕融合，让学教方式不再单一，而是自主选择、灵活多样，从线下延伸至线上、从限定地

点转化成多样场景、从固定时间扩展成每时每刻、从单一学科到学科整合、从单一思维到跨界整合、从相对闭塞到国际视野，打破时空限制，实现个性化的主动性学习。

精细化的量化评价一方面解放了老师在课堂教学中的精力和时间，让老师能更关注学生学习过程中的问题，有的放矢地聚焦核心问题的突破；另一方面充分释放学生，让学生在教学的每一个环节都主动、深入、有的放矢地参与课堂学习，真正成为课堂的主体，同时在聚焦学生核心素养的今天，从认识方式的不同程度满足不同层次的培养需要。

"精细量化评价、灵活助学"课堂更重视培养自主学习能力，启发兴趣和好奇，启迪学生智慧，引导学生自觉地、积极地、有发展愿景地、坚持性自觉性地追寻有意义的学习，由此促进学生的主动学习和高阶学习，促进学生的合作学习和跨界学习。

（二）人工智能与传统教学深度融合

通过深度参与的同步课堂研究，探索信息技术与学校教学深度融合，推动更新教学理念，提高教学技术，创新知识传授到培养能力的教学模式，促进教师智慧地教、学生智慧地学，师生智慧地教学互动，构建"理念+技术+模式"的智慧教学服务生态系统。

六、后续研究

（一）提升效率

目前同步课堂的准备需要联合支援方、受援方、睿智教育系统三方，不仅有课型、策略、智能教育系统响应等多方面的探索，每节课的准备都是日常备课的5~10倍，可以说是集中了各方大量人力物力才取得了现在的课题成果，此法必不能长久。后续需要逐渐形成模式，无论是实验器材、软件支持都需要形成以学科单元为中心的配套模式，最大限度地降低同步课堂准备的时间、精力成本，为后续进一步推广奠定基础。

（二）探索区间

本课题研究目前主要聚焦七八年级的数学和科学，对九年级以及其他学科的探索尚显不足。后续将不断在不同学科、不同课型、不同年级的课堂上积极开展探索，力争形成校本化特色，为全区"互联网+义务教育"的实践贡献我校样本。

【参考文献】

[1]冉新义.远程同步直播课堂学生参与研究[J].电化教育研究,2017,38(09):89-95.

[2]杨九民,黄磊,李文昊.对话型同步网络课堂中学生参与度研究[J].中国电化教育,2010（11）:47-51.

[3]李春密,赵柳.基于深度学习理念的物理教学问题解决[J].物理教学探讨,2020,38（12）:1-6.

[4]言恩熙.运用导学案促进初中数学深度学习的研究[D].长沙:湖南师范大学,2019.

[5]范雪兵,石志标,刘焱,等.基于"深度学习"的导学案设计[J].课程教育研究,2019（06）:249-250.

初中科学课堂教学中自主学习能力
培养的策略研究

【摘要】 在新课程改革不断推广的背景之下，我国在教学方面已经有了很大程度的改变。在初中教学当中，初中科学是重要的基础课程，它的实施有利于培养学生的自主学习能力。科学课程教学的主要目的在于提升学生的科学素养，在采取有效教学方法的前提之下，更好地培养学生的科学思维。本文主要对初中科学课堂教学中自主学习能力培养进行分析，其目的在于让更多的学生养成自主学习的好习惯，为自己的发展奠定良好的基础。

【关键词】 初中科学课堂；自主学习

在初中，要确保学生的科学素养有效地提升，科学课程的实施是非常重要的，它是该阶段中，学生的必修课程。如今，由于科学课程涉及了观察与实验这两个方面的重要内容，并以这两个重要方面为基础，因此，它属于具有创新性的学科。初中学生自主学习能力的养成，有利于科学课程的学习，在科学课程当中，需要学生的思维具备一定的严密性以及逻辑性，而自主学习能力对培养学生思维的严密性及逻辑性有着非常重要的作用。

一、当前初中科学课程教学中存在的问题分析

（一）初中科学课堂教学理念相对比较滞后

在初中科学教学当中，教师不仅需要教授学生相关的基础知识以及一些科学规律，还需要注重安排学生的实验训练课程，培养学生的实践能力等。但是，

我国有一部分初中院校在科学课程教学理念方面比较滞后，教学过程中，过于注重科学学科知识技能方面教学任务的完成，教师在实际课堂教学中，很容易发生教学内容偏差的现象，这对培养学生的自主学习能力以及学习科学学科的兴趣有着极大的消极影响。

（二）科学教学方法不够灵活

科学课堂上，教师在科学教学方面所使用的教学方式和学生的学习成绩之间有着紧密的联系。然而，当前我国初中科学课程教学过程中，教师所使用的教学方式一般都比较单一，严重缺少灵活性。在科学教学的课堂上，教师基本上完全凭借讲授来完成教学任务，严重地忽视了学生的主体地位，更为严重的是，教师对学生自主学习能力的培养也没有给予高度的重视，完全地忽视了培养学生各个方面的能力，更加无法激起学生在课堂上的学习兴趣，使得科学教学课堂失去了原有的真实意义。

（三）在科学教学中，设备投入不足

实际上，当前我国绝大部分的初中在科学教学设备上的投入还不够充足，无法满足学生在学习过程中的需求。有很多科学教学所使用的实验设备也不能及时地更新，导致出现了初中科学教学理论与实践脱节的现象，严重影响学生创新能力的发挥。除此之外，虽然有一些初中学校在科学教学方面配备了一些多媒体设备，但是有很多教师在操作多媒体设备方面存在困难，无法将多媒体设备的作用充分地发挥出来。

二、促进初中学生自主学习能力提升的对策分析

初中学生养成自主学习能力是非常重要的，它不仅能够培养学生的学习兴趣，还能够培养学生发掘问题与解决问题的能力等，为此，教师在科学课程教学的过程中，必须要采取有效策略提升学生的自主学习能力。

（一）有效地转变教学理念

初中教师在教学的过程中要注重培养学生的自主学习能力，那么，在课堂上，教师要重视学生的主动性以及探究性，为此，教师要改变教学的理念，在课堂上以学生为主体，让学生自主发展。在传统的科学课程教学中，教师在教学理念方面经常会出现偏差，很多时候教师都过于重视知识的传授，并不重视学生是否能够接受

和理解，这种灌输式的教学方式，严重地影响了学生自主学习能力的培养。因此，教师在教学过程中应该将自主发展作为教学的主要目的，在课堂上将学生的主体地位充分地发挥出来，并与教师课堂上的主导地位相结合，确保能够在科学教学的课堂上形成以学生为中心的和谐教学氛围，从而有效地激起学生学习的兴趣与积极性，使其能够将创新能力充分地发挥出来。另外，教师还需要重视教学理念的转变，从只重老师教到重视学生学、从只重教知识到重视学习能力培养、从只重视分数到重视培养学生正确的价值观，从思想上改变教学方式，从而更好地培养学生，促进学生的发展进步。

（二）教师要注重激发学生自主学习的积极性

兴趣是最好的老师，教师要注重培养学生学习科学的兴趣，用兴趣引导学生学习。学生只有在拥有兴趣的背景之下才能够主动地去学习，自主学习能力才能够得到更好的培养，因此，教师在课堂上还应该注重为学生营造一个自主学习的环境，并且针对学生的性格特点，合理地分配上课时间，确保留给学生足够的时间去自主学习。例如，教师在课堂上可以通过多媒体的形式，为学生搜集与课程相关的视频或者图片，教师向学生提出与之相关的问题，让学生边观看视频，边找出相应的答案。这样一来，学生的学习兴趣就会得到一定的激发，在课堂以外的时间也会积极地自主学习，以满足自己对知识的渴求。同时，教师在科学课程教学课堂上，还可以为学生设计一些教学活动，让学生在参与活动的同时，提升对科学文化学习的兴趣。如：教师可以以学生自由发挥的形式，列举科学学科学习的重点以及所要学习的内容等。

（三）创新科学教学模式

在中学所有课程教学当中，占据重要位置的科学课程，不仅与我们的生活有着极大的关联，还与学生未来的发展有着非常密切的联系。在学习科学课程的时候，要求学生必须具备一定的抽象思维能力以及严谨的学习态度。因此，教师应改变教学方式，用创新的科学教学模式进行教学。例如，教师可以在教学过程中，应用研讨问题的方式进行教学，换言之，教师可以将科学教学的重点和难点作为主要的依据，向学生提出问题，让学生进行自由的讨论，让学生在不断的交流当中，找出解决问题的办法；除此之外，教师也可以应用自学指导的方式，即学生在教师的指导之下，自行实施课前预习的工作，学生可以把不懂的问题做好标记，向教师提出，在教师的指导之下解决问题。同时，在激发学生学习的兴趣方面，教师也可以应用四人小组交流、讨论的方式，在学生讨论的过程中，激发学生对科学学习的欲望与兴趣，这样一来，不仅能够提升科学教学课堂的效率，还能够提升学生的学习成绩。

（四）创新教学内容设计，着力培养学生自主学习方法

在创新教学当中，教师也可以对教学的内容进行相应的创新，在这一过程中，确保能够让学生真正地体会到成功的喜悦。例如，在学习路程时间方面的知识时，教师可以将教学内容设计为"用相同时间，路程越远，运动越快；行相同路程，时间越少，运动越快"。那么可以得出运动快慢用"路程/时间"表示。利用类比最终得出："受力面积相同，施加压力越大，作用效果越明显；施加压力相同，受力面积越小，作用效果越明显。"类比得出作用效果用"压力/受力面积"表示。众所周知，当今社会发展更加重视创新元素的融入，为此，在科学教学当中，教师应该注重教学内容创新的作用，在了解学生实际学习情况的背景之下，合理创新设计科学教学的内容，并通过培养学生自主学习的方式，引导学生更好地学习科学文化知识。例如，教师可以组织学生，以小组的形式对教师所提出的问题进行研究探讨，从而找出问题的答案。这样一来，不仅能够将创新教学方式融入教学内容，还能够在一定程度上培养学生的自主学习能力。

三、总　结

本文主要针对当前初中科学课程教学中存在的问题以及促进初中学生自主学习能力的对策进行一定的分析，明确了在当前初中科学课程教学中，依旧存在着教学方式单一、教学理念滞后以及教学设备投入不足等多方面的问题，这些问题的存在严重影响学生未来的发展。为此，初中教师必须要重视这方面的问题，采取有效的措施解决问题，培养学生形成自主学习的能力，让学生在自主学习当中，不断地发现问题并解决问题，从而为其日后的发展奠定良好的基础。

【参考文献】

[1]迟芳，张建国.初中生地理自主学习能力培养之探究：以《俄罗斯》一课为例[J].考试周刊，2014，4（33）：144-145.

[2]周菊.初中地理课堂教学中学生自主学习能力培养的研究[D].南京：南京师

范大学，2008，5（10）：89-115.

[3]翁肖峰.基于小组合作下初中科学自主学习能力培养的策略与实践[J].试题与研究（新课程论坛），2013，10（6）：2-3.

[4]吕申海.初中生数学自主探究能力培养策略[J].现代教育科学（中学教师），2012，9（2）：1005-5843.

第一辑

教学设计

《光的传播与小孔成像原理》教学设计

一、教学目标

（1）观察阳光经过孔形成的光斑，准确描述孔变化过程中光斑的形状变化；

（2）对比平行阳光模型预期的光斑与实际光斑，认识平行阳光模型适用的局限性；

（3）确立发散型阳光分析光斑形状的方法，应用点光源解释光斑形成的原因，理解小孔成像原理。

二、教学重点难点

（1）理解小孔成像原理；

（2）辨析平行阳光模型和发散阳光模型的关系，并用统一的方法解释阳光通过孔后的光斑形状。

三、教学方法和策略

用控制变量法改进实验，先研究三角形孔的大小对光斑形状的影响。让学生在实验现象与学生预测之间引发认知冲突，确立用发散型阳光模型分析问题的方法。

分析构成太阳的任意点光源如何通过大孔形成光斑，理解平行阳光模型只是解释影子形成的近似原理；通过减小孔的大小过程中每个点光源形成的光斑变化，理解小孔成像原理。

再用小孔成像原理解释通过不同形状小孔形成的光斑，明白小孔形状不决定光斑形状，深度理解小孔成像原理。

四、教学策略

教学策略如表1所示。

表1 教学策略详表

教学环节	教学设计	学生活动	设计意图
引入	展示森林里的阳光照片、激光在空气中传播的情境，复习同一种均匀介质中光沿直线传播相关知识，并用光路图解释影子形成的原理。		简单回顾光的传播知识。
活动任务	将浙教版七年级下册《科学》第62、63页"活动"略作更改： 1.在硬纸板上剪一个5厘米左右的三角形孔，移动另一硬纸板，逐步遮挡减小小孔的大小，观察阳光通过孔后在地面形成光斑的形状变化； 2.在硬纸板上剪三个1厘米左右的不同形状小孔，观察阳光通过孔后在地面形成光斑的形状。	仔细观察并记录现象： 活动1中光斑形状变化：三角形光斑（边界模糊）、圆形光斑。 活动2中，三个圆形光斑。	活动1中，用三角形孔能更好控制变量，研究孔的大小如何影响光斑形状，为分析理解小孔成像原理做铺垫。 活动2既是小孔成像原理的应用，也促进对小孔成像原理的深度理解。
学生试分析	解释活动1中三角形光斑的成因。	学生作图解释三角形光斑的成因。	应用影子成因方法分析，为与"三角形光斑（边界模糊）"到"圆形光斑"两现象产生认知冲突。

续表

教学环节	教学设计	学生活动	设计意图
现象分析	①对大孔时光斑提出质疑： 质疑一，孔的边缘是光滑的，但三角形光斑边缘是模糊的，这无法用平行阳光模型解释； 质疑二，三角形孔逐渐变小，光斑保持三角形并逐渐变小，这能用平行阳光解释，但之后变成圆形却无法再用平行阳光模型解释。		1.分析大孔光斑形状（平行阳光模型无法解释两个现象）； 2.分析解释失败可能原因； 3.用构成光源的点光源解释现象； 4.解释平行阳光模型适用条件。
	分析解释失败的原因在于光的传播、光照到地面、还是光源发出平行光？ ——太阳视为无数点光源组合，每个点光源发出的光经过孔形成光斑。	学生试着在所作光路图上解释——每个点光源如何透过大孔形成光斑。	阳光并非严格意义上的平行光，确立用发散型阳光模型解释问题的思路。
	评价学生的分析方案，解释边缘模糊的三角形光斑； 分析平行阳光模型适用条件。		
	②分析小孔时光斑： 从孔变小过程中每个点光源形成的光斑如何变化的角度，分析小孔时的光斑。		从孔逐渐变小过程中光斑变化的角度（而非直接分析小孔时光斑形状的角度）理解小孔成像原理。
知识应用	解释活动2中，不同形状小孔形成的光斑都为圆形的原因。	学生解释。	应用小孔成像原理解释现象，评价学生对小孔成像的理解，深度理解小孔成像与孔形状无关。

续表

教学环节	教学设计	学生活动	设计意图
小结	小结： 小孔成像的现象、原理、条件、问题解决方式。		简单小结本环节教学。

附：

光的传播与小孔成像原理
学习任务单

请作光路图，分析三角形孔没被遮挡时形成三角形光斑的原因。

《分子运动论》教学设计

一、教学目标

（1）通过观察生活中多种扩散现象，归纳扩散现象的共同点，自主建立扩散现象的概念；

（2）分析各种扩散现象的表现，利用"大豆、大米模型"推测扩散现象的本质——分子运动；

（3）深入观察各种扩散现象的细节和特点，分析分子运动规律，建立热运动概念。

二、教学重点难点

建立扩散现象概念、热运动概念；

三、教学方法和策略

通过汇总各种扩散现象，让学生从三个层面观察扩散现象：从全局层面归纳扩散现象的共同点，自主建构扩散现象的概念；借助"大米、大豆模型"，推理扩散现象的本质——分子运动；从细节层面观察扩散现象，尤其是墨水在水中扩散的方向、在不同温度水中的扩散效果，推导分析分子运动的规律，进而建立热运动概念。

四、教学策略

教学策略如表1所示。

表1 教学策略表

教学环节	教学设计	学生活动	设计意图
汇总现象，建构概念	展示生活中多种扩散现象，仔细观察，归纳这些现象中都有哪些相同之处？	仔细观察实验，归纳现象间的共同点：都涉及两种物质；都存在一种物质进入另一种内部的情况。	按照"观察实验—归纳共同点—提出'扩散现象'让学生根据共同点下操作性定义"这一模式引导学生自主建构概念。
	根据共同点，建构扩散现象的概念，并例举类似的扩散现象。	理解并建构扩散现象的概念。	
分析本质	展示"下半杯米、上半杯大豆模型"，模拟两种物质接触加以引导。问：根据各种扩散现象，分析构成物质的分子有怎样的性质？	分析扩散现象的效果，利用模型推测扩散现象的微观本质：分子运动。	利用模型，为学生思维发展搭建台阶，促进学生自主推测扩散现象的微观本质。
归纳特点，建构概念	仔细分析各种扩散现象的细节（尤其是墨水在水中扩散的方向、墨水在热冷两杯水中的扩散效果），发现扩散现象有怎样的特点？归纳分子运动有怎样的规律？	先归纳扩散现象特点：向各个方向扩散无规律；扩散快慢与温度有关，温度越高扩散越快。再根据归纳的扩散现象特点，推导分子运动特点2条：①分子运动无规则；②分子运动剧烈程度与温度有关，温度越高，运动越剧烈。	按照"深入观察现象细节—归纳特点—提出'热运动'让学生推导分子运动特点并下操作性定义"这一模式引导学生自主建构概念。注意引导学生观察扩散方向和冷热水中扩散区别等细节。

续表

教学环节	教学设计	学生活动	设计意图
归纳特点，建构概念	补充其他现象中总结的分子运动第三条特点：③任何分子在任何时候运动都永不停息。（介绍）		
	提出"热运动"，让学生自主建构热运动概念。	小结3条分子运动特点，给"热运动"下操作性定义。	
小结	总结扩散现象、热运动的关系，建立分子运动论。	复习扩散现象、热运动的关系，建立初步的分子运动论。	复习概念，重点建立概念间的联系，引导学生自主建构分子运动论。

《气候和影响气候的因素》教学设计

一、教学目标

（1）通过分析日常天气特征的分类依据，建构气候的概念；

（2）以设计旅游度假攻略为主线，了解中国部分著名城市气候特点、深度理解气候概念，增进爱国意识；

（3）通过对比分析、实验等多种手段理解维度位置、海陆性质、地形、季风对气候的影响，提升问题解决能力。

二、教学重点难点

分析、理解气候的影响因素。

三、教学方法和策略

（1）在分析天气特征分类依据中建构气候概念，在制作旅游度假攻略中了解中国部分城市的气候并深度理解气候概念；

（2）通过城市间对比，发掘城市主要地理特征，通过分析、实验等方法验证影响气候的因素。

四、教学过程

教学过程如表1所示。

表1 教学过程表

教学环节	教学设计	学生活动	设计意图
引入	（PPT展示生活中很多描述天气特征的词） 师：有人将它们分为两类，那你觉得这样分类的主要依据是什么？（PPT展示分类结果） 追问：中国不同城市，都有哪些气候特征？	生：根据"持续时间"不同进行分类。 下操作性定义：将某一地区长时间内的天气特征，称为气候。包括天气的平均状况和极端状况。	通过分析天气特征的分类依据，建构气候概念，再例举中国不同城市的气候，深度理解气候概念，并为后续设计旅游度假攻略作铺垫。
寒假度假攻略	任务一： 寒假时，你会选择去哪里度假？影响当地气候的主要因素又是什么？	生：寒假去海南，因为海南是中国最南端的省份。通过地球的模型图，分析不同维度承受阳光能量的区别。	在制定寒假度假攻略中发现海南的气候特征及地理特点（中国最南端的省份），再根据经验建立假设、利用模型分析问题、设计实验获取证据、得出结论解决问题等一系列科学探究过程，认识维度位置对气候的影响。
	追问：维度位置如何影响海南的气候？	再用实验验证不同倾角接收光照能量的差异。 得出结论：维度位置是影响气候的因素。	
暑假度假攻略	任务二： 暑假时，你会选择去哪里避暑？你能分析，又是什么因素主要影响当地气候？	生：去大连、三亚、北戴河、舟山…… 生：还可去丽江、庐山、天目山…… 根据生活经验，归纳那些地方的主要特征——海边（周边水多）、山上（海拔高）。 最后分析，水（海陆性质）、地形对气温的影响。	在制定暑假度假攻略中发现海边、山上的气候特点，并应用物质比热、对流层等知识分析当地气温特点，在分析解释中深度理解海陆性质、地形对气候的影响。

续表

教学环节	教学设计	学生活动	设计意图
暑假度假攻略	追问：海陆性质、地形不仅影响气温，还会对气候产生哪些影响，为什么？（播放视频）	生：海边多降水；迎风坡多降水（形成地形雨）。 结论：海陆位置、地形会影响降水。	
查阅资料，学习新知	师:视频资料中影响降水的因素还有季风。什么是季风？让我们先看图，说说图中风有何特点？	生：一种风从内陆吹向海洋，另一种从海洋吹向内陆；涉及区域非常大。	在分析图像资料中归纳季风范围、风向两大特征，在追问中应用海陆性质分析预测季风发生的季节特点，进而综合分析并为季风概念下操作性定义。
	追问：根据风的成因分析，从海洋吹向内陆时，内陆、海洋间需要有什么条件？一年中哪个时期最有可能符合？	生：风从海洋吹向内陆说明近地表附近海洋的气压高于内陆，根据海洋的比热大于内陆的性质，相比内陆，夏季时海洋表面升温更小、气压更大，所以风从海洋吹向内陆；冬季正相反。 给"季风"下操作性定义。	
	追问：季风如何影响气候？	生：夏季风给沿海地区带来了降水和温暖；冬季风刚好相反。	
总结	造成我国各地气候迥异的因素。	维度位置、海陆性质、地形、季风	以我国气候为例，总结气候影响因素，认识祖国、热爱祖国。

《相对原子质量和相对分子质量》教学设计

一、教学目标

（1）通过归纳生活实例总结计量物质质量的多种方法，体会相对质量蕴含的计量思想和方法，进而深度理解相对原子质量；

（2）应用相对质量的计量思想和方法描述分子质量，理解相对分子质量及其计算。

二、教学重点难点

相对质量蕴含的计量思想和方法。

三、教学方法和策略

（1）分析生活中除了质量之外，衡量煮饭用米多少、火车运煤多少、建房用水泥多少的其他计量方法和思想原理，并以此类比原子质量的衡量，深度理解相对原子质量；

（2）用相对质量的计量思想和方法描述分子质量，在应用中发现问题，在问题解决中深度理解相对分子质量计算原理。

四、教学过程

教学过程如表1所示。

表1　教学过程表

教学环节	教学设计	学生活动	设计意图
引入	比一比： 谁能更快记住屏幕上4种原子的质量。	学生记背、抢答。	体会原子质量太小、太繁，使用不便。
联想生活	思考： 回顾生活中是否有类似的、使用不方便的质量？又是如何解决的？	例如：煮饭用米、火车运煤、建房用水泥…… 解决办法：用几杯米、几车煤、几包水泥来简化衡量物质的质量。	从熟悉的生活实例入手，感受计量物质多少的不同方法，为相对质量的计量思想做铺垫。
原理分析	师：用"杯数"简化大米质量的原理是什么？	生：杯数=所煮大米的总质量/一杯大米的质量 只有每次用"相同的杯子装满一整杯米"来衡量（统一一量而非任意量），简化才科学。	分析简化衡量的方法和思想。
	追问：在类似用"车数""包数"衡量煤、水泥实例中，能归纳出怎样的简化计量质量的方法？	生：用比值"物质质量/标准"来简化计量物质的质量；其中标准应具有常见易得、固定统一、大小适中等原则。	归纳简化计量物质质量的方法和使用原则。
类比理解	思考：原子质量有怎样简化计量的方法？	生：用"原子质量/标准"的比值计量； 定义：相对原子质量=原子质量/（碳12原子质量×1/12）	类比生活中某些物质质量的简化计量，建构相对原子质量。
	追问：辨析相对原子质量与原子质量。	生：都能反映原子质量大小，但前者是一个不写单位的比值，后者是常以千克为单位的、数值很小的值。	在辨析中深度理解相对原子质量。

续表

教学环节	教学设计	学生活动	设计意图
分析应用	（提供各种分子构成模型）思考：如何描述分子质量？（以二氧化碳分子为例）	生：①二氧化碳分子真实质量；②相对分子质量=二氧化碳分子质量/（碳12质量×1/12）（评价）师：方法一，质量值太小、太繁，使用起来很不方便；方法二，简化了数据，但要测定成千上万种分子的真实质量，实际应用价值低；③推导：相对分子质量就是一个分子中各原子的相对原子质量总和。	应用质量简化计量方法，描述分子质量，建构相对分子质量；在评价中深度理解相对分子质量的由来。
复习总结	阐述相对质量的优点。	回顾解释相对质量的价值和意义。	在评价中回顾所学知识。

《神经调节》教学设计

一、教学目标

（1）知识与技能：知道神经调节的基本过程，掌握神经元的结构及其功能特点；

（2）过程与方法：能根据要求设计实验，并通过合作不断完善，进而完成探究，培养学生科学思维；

（3）情感、态度、价值观：通过实验，让学生加深对开车不打电话等交通规则的认同感，更加坚定学生维护教室环境的意识。

二、教学重点难点

设计并完善测量反应快慢的实验。

三、教学设想

以学生设计的测反应快慢实验为基础，在教师的有效引导和同学的相互合作下，不断加以完善，得出最终方案进行实验；再分析神经调节的基本过程，并以此为过渡；通过学生自主学习和小组讨论完成对神经元结构和功能特点的学习。

【课堂设计】

准备时，先在黑板上写上标题"_____大揭秘"，再将内装有直尺等器材、外写着"神秘宝盒"的两个纸盒放在学生中间，并禁止学生在规定时间前打开查看里面情况。

【设计初衷和课堂实况】

在标题上不直接说出本课教学内容，设置悬念保留科学认识过程的神秘感，再用写有"神秘宝盒"的密闭纸盒，激起学生极大的好奇心，从而激发学生学习的兴趣。

【引入】

师：上课！

（班长立马喊起立，全班站起，然后师生彼此问好）

师：上课！

（班长立马再次喊起立，全班同学再次站起，然而都是一脸的愕然，觉得莫名其妙）

师：大家请坐。你们怎么又站起来了？

生：你让我们站起来的呀！（大部分同学都感到不知所谓，只有几个同学大着胆子回答）

师：也就是你们的动作是因为听到了我的指令而做出的。在科学上你们的这个动作有个专门的术语——反应；而导致你们做出这个动作的声音指令称为"刺激"。（教师概括）

再请问，你们在接受了指令刺激后做出反应，这个过程是什么在控制调节的？

生：神经。

师：对，今天我们就要对神经调节进行探究，来个大揭秘。（老师在标题空白处写上"神经调节"）

【设计初衷】 开始上课时通过设计两次让学生站起来，迅速引入教学内容——简介什么是反应和刺激，并揭示本课教学内容。

【课堂实况】 实际课堂上也完全达到了出其不意的效果，既给学生新奇感，激发了学生的兴趣，又在一定程度上开始拉近师生关系，为下面很好地调动课堂氛围打下基础。

一

师：其实日常生活中刺激和反应远不止刚才这一个，比如说下面这个。（教师拿出一块"士力架"）你们想要这个吗？

生：想！

师：要我送东西没问题，但我的东西不好拿，只有那些能用手直接接住的同学才有资格拿，否则我就只能说sorry了，OK？（学生兴奋点被激发，开始跃跃欲试了）Are you ready？ Go！

教师在适当的距离向每组中的一位同学扔"士力架"，如果其没接住则在组内换个同学接，保证每组接住一块。（该活动开展后，学生的紧张、陌生等情绪一扫而光，课堂氛围被彻底调动起来）

师：那刚才有的同学接住了，有的没接住，能接住说明了什么？

生：说明他们反应快。

师：接住的反应快，没接住的反应慢，那接住的同学，他们的反应快慢能比出来吗？（学生都没招，无言以对）下面我们就PK一下。请问比反应快慢就是比什么？

师：（学生没能理解问题）换个问法，反应快慢可用哪个物理量来衡量？

生：反应用的时间。

师：从刚才接"士力架"的活动出发，以小组为单位，设计实验测人的反应快慢。

可根据需要在导学案上做适当记录。

【设计初衷和课堂实况】 接"士力架"活动既让学生更好地理解体会人在神经调节下对刺激做出的反应；又能很好地激发学生调节课堂氛围；同时这个活动还实现自然过渡，并引出不同人反应快慢不同的情境，为下一步小组设计实验提供参考素材。

学生以小组为单位，讨论并设计实验。（由于课前不准看书的指令贯彻不够

充分,导致小部分学生已提前看过书,所以有两个小组不听任务要求,设计实验不接"士力架"而接15厘米直尺)

(最先完成的两个组,每组记3张牌;完成任务第三、第四名的两个组,每组记2张牌;完成任务第五、第六名的两个组,每组记1张牌;个人回答问题积极且正确的记1张牌。牌作为课堂评价计分形式直接发给学生,得牌最多的小组就是本节课优秀小组,课后获得奖励)

教师请小组代表介绍本组所设计的实验方案。

生:一同学将"士力架"举高到某一固定高度,另一同学在"士力架"正下方某处接,记录下落到接住的时间,测出这个时间以此体现反应快慢。

【设计初衷和课堂实况】 充分放手让小组学生自己在接物体过程中获得体验,并从中得到灵感,进而设计测反应快慢的实验方案。

师:那我们来看一下,他们小组的实验设计得好不好?(当时没反应,提示——实验中需要测什么?用什么测?)

生:不好,因为记录用秒表,按下秒表按钮也需要时间,这会造成测量不准确。

师:不能精确测量反应所用时间,那我们用什么方法体现反应快慢?

生:伸手接住物体时,物体下落高度来体现反应快慢,接住时物体下落高度越大则表示反应越慢。

教师在黑板上写下一行内容"测反应快慢(反应时间)→物体下落高度"。

师:那这样设计的实验是不是已经完美无缺了?

【设计初衷和课堂实况】 如果学生直接设计出"用下落高度来说明反应快慢",提问设计初衷,如:请问他们设计的实验好不好?(生能说则生说,反之则自问自答)

以下进入实验设计的完善阶段,教师通过在台上展示他们设计的实验,发动全班同学发现实验中不足之处,进而加以完善;如果学生没有思路,教师通过将实验操作上某些动作夸张展示,引导学生加以改进。

（1）教师在某一高度释放"土力架"，另一只在下方的手没能接住，引导学生"土力架"这个物体不利于用手接住，因而需要选用别的物体——学生提出用细长的物体。（拿出教鞭进行实验）

（2）一学生将教鞭从某一高度释放落下，教师在一定距离处将背后的手迅速伸到前面把教鞭握住——学生提出手伸过来需要时间，应该将手放在教鞭正下方。

（3）将手放在教鞭正下方把拇指、食指张开到最大程度，看到落下立即让两指合拢接住，见学生没能发现问题，单独将拇指、食指张开然后合拢展示几次——学生提出两手指合拢过程中也需要时间，应该改为两手指尽量靠拢在教鞭的旁边但不接触。

师：如何能简单迅速地知道教鞭下落的高度？

生：将教鞭改为刻度尺，下落的高度就可通过手指在接尺前、接尺后两个刻度之差来表示！

师：能不能再完善一下，让下落高度不用做差，就能直接得到？

生：实验前，尺的零刻度在下，且手指放在靠近零刻度处。

（4）作为被测者展示手悬空接落下的尺子，手主动下降接住尺子，问这样接尺好不好？怎么避免这种问题的出现？——学生提出将手固定，避免手下移接尺。

师：既然现在我们提出了这么多完善方案，下面请从"神秘宝盒"中取出塑料直尺。以3人为一个实验小组，一人被测，一人协助，一人记录，完成测人反应快慢的实验。

【设计初衷】设计时，希望学生从现有的接"土力架"活动出发，通过一系列的完善，最终全班同学合作设计出一个较为优秀的实验方案，再由学生据此动手实验。

该部分是本课时教学中的重点，通过教师言语、动作姿态等多种方式的有效引导，对实验设计分析层层深入，抽丝剥茧，让学生不断挖掘实验中的不足之处，逐步加以改进完善，最终设计出较为优秀的实验方案，培养学生分析问题、处理问题的能力。这部分教学重点在于培养学生探究性思维，锻炼学生处理问题细致入微的品质，以及应用所学的科学知识解决实际问题，从而激发学生学习科学的兴趣，使之不断深入探究。

【课堂实况】 在实验完善和实验实施阶段，由于计分奖励可以很好地调动学生学习的积极性，一度出现一两个学生回答问题太热闹、太积极的情况，为此对一个大声说话的同学采取扣分处理（收走一张计分牌），对保证课堂氛围、督促学生集中注意力非常有效。

（对实验结果简单评价后）师：结合刚才实验和生活经验，我们知道不同人的反应快慢是不一样的；那同一个人的反应快慢是否一直都相同呢？（生：不同）那又是什么因素导致人反应快慢不同？影响人反应快慢的因素有哪些？

【设计初衷】 由"测反应快慢"深入到"探究影响人反应快慢的因素"，实现知识学习中由表及里的过程。从发现表面现象到探究内在原因，既符合学生学习的规律，又能培养学生认识世界的一般思维方式。同时通过引导，让学生猜想有下面几个可能的影响因素——人的身体状况、干扰、接收刺激的器官、动作熟练程度、刺激的强弱……

【课堂实况】 在实际课堂上，学生还提出药物、酒精可能会影响反应快慢；注意力是否集中可能会影响反应快慢；眼耳等感官出现病变可能会影响反应快慢……老师在课上进行引导——"注意力不集中"是因为人在做事时脑子在想别的东西，也就是大脑受到别的事情"干扰"；另外，从学生提出的感官病变因素引导学生认识人在感冒、劳累情况下的身体状态因素和接收刺激的不同感官（眼和耳）这个因素。由于时间关系，引导学生提出"动作熟练程度"和"刺激的强弱"等因素就省略了。

师：那么我们以验证干扰因素对反应快慢的影响为例，设计实验时采用什么方法？

生：控制变量法。

师：怎么设计对比实验？

生：设计两组实验，一组不受干扰，另一组受到干扰。

师：测反应快慢时如何设计人受到的干扰？——采用被测者在测量同时数连续偶数的方法。

（学生以刚才进行实验的三人为单位，进行实验加以验证）

师：受到干扰时反应快慢如何变？（生：变慢）那我们再来验证一下，如果不用眼而用耳朵接收刺激，反应快慢又如何？

师：怎么用耳朵听到尺子刚要下落这个信息？

生：拿尺子的同学在放手同时发出一个声音。（引导学生认识到发出声音一定要短且同时）

（学生以刚才进行实验的三人为单位，进行实验加以验证）

（教师小结）师：通过实验我们发现反应快慢会受到干扰等因素影响，这就告诉我们以后做事要集中注意力，要专心，比如：开车不打电话，做作业时不吃零食或看电视，不在教室吵闹干扰他人学习，等等。

【设计初衷】 分析总结学生实验结果，并将实验结果应用到日常生活中，同时对学生进行情感、价值观的教育。

二

师：让我们再回过头来看看人做出这个反应，在整个过程中都有哪些器官参与？这些器官从信息角度都起到了什么作用？

（根据学生回答，在黑板上依次写下"眼耳→脑→手"，然后再在每个器官下面依次写下"接收信息、处理信息、做出反应"。

再引导学生思考眼耳和脑如何协同，靠什么结构？这个结构又起到什么作用？

再在两个"→"上写上"神经"，"神经"下对应处写上"传递信息"）

【设计初衷】"神经调节的基本过程"这部分设计在"测反应快慢"之后，即是对反应快慢这个表面现象的一种内在分析，属于知识的深化；同时又为下一步介绍"神经细胞"做铺垫，起到承上启下的作用。

三

师：那么调节人体的神经，其结构和功能的基本单位是什么？

生：细胞。

师：对，细胞，神经细胞。神经细胞还有一个专门的名称——神经元。

师：刚才我们通过实验证明了只有排除干扰集中注意力才能做出又快又对的反应，下面就来实践一下——看屏幕听介绍，然后将有关神经元的信息记录在导学案中。看谁最厉害！

（播放视频资料，给学生2分钟时间整理）

师：看来大家还有一些不确定的，那我们就参考教材第102页，以小组为单位讨论完善知识整理。

（两分钟后将完整的神经元结构层次和各结构功能呈现在屏幕上）

师：与其他细胞相比，神经元有何形态结构特点？这些结构特点对其获取、传递信息有何意义？

【设计初衷】 神经元结构和功能知识比较简单，同时教材上文字和图示介绍得很详细，学生完全有能力自己学习，所以本部分以学生自主学习为主。同时为更好地调动学生学习的积极性，采用看视频单独整理、小组合作、教师在屏幕评价等多种方式完成该部分教学。

另外在本部分开始，将看视频整理知识当作对前面实验结果的一种实践，激发了学生认真听、仔细看，做好整理工作的积极性。

四

师：冥想一分钟后，请独立小结本节课！这节课的收获：你学到的知识有哪些？你得到的锻炼有哪些？将其记录在导学案中。

【设计初衷】 通过学生自己回顾思考，以动手记录本课所学的方式，完成课堂整理，加深学习效果。

附件1：

_____ 大揭秘（课堂导学案）

班级：_____ 姓名：_____

一、请以小组为单位设计实验，比比人的反应快慢？

实验步骤设计:（如能表达清楚可略写或不写）

实验分析反思：

实验1

序号	被测试者姓名_____
第1次	
第2次	
第3次	

实验2

序号	被测试者姓名_____
第1次	
第2次	
第3次	

实验3

序号	被测试者姓名_____
第1次	
第2次	
第3次	

二、神经调节的基本过程

三、神经细胞（神经元）

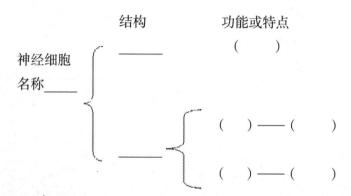

附件2：课堂PPT

____大揭秘

1

PK大擂台：

以小组为单位设计实验方案。

比比人的反应快慢？

比什么？ 怎么比？

2

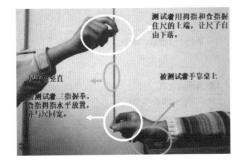

测试者用拇指和食指握
住尺的上端，让尺子自
由下落。

尺子竖直

被测试者三指握拳，
食指拇指水平放置，
并与尺同宽。

被测试者手掌桌上

3

根据经验你认为，

影响人的反应快慢的因素有哪些？

· 可能与身体状况有关
受到的干扰
接受刺激的器官
动作熟练程度
年龄大小
刺激强弱
…………

4

实验2　让被测试者按2、4、6、8……这样
的顺序数的同时，重复上述实验，求出被
测试者数数时夹住尺上与0刻度距离的平
均值。

实验3　被测试者闭上眼睛重复上述实验2。
测试者在放开直尺的那一刹那发出声音，
给被测试者一个信号，测3次，求平均值。

5

二、神经调节的基本过程

| 接受信息 | → | 传导信息 | → | 处理信息 | → | 传导信息 | → | 做出反应 |

| 如眼、耳、鼻、舌、皮肤等感受器 | 神经 | 脑、脊髓 | 神经 | 运动器官 |

6

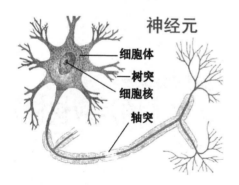

7

三、神经细胞
又称**神经元**

功能：

接受传递信息

结构		特点功能
细胞体		内有细胞核
突起	树突	短而多，呈树枝状，将信息传入细胞体
	轴突	较长，只有一条，外包髓鞘，末端有轴突分枝，将信息从细胞体传出

8

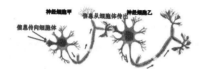

9

四、反思小结：

· 冥想一分钟后，请独立小结本节课！

这节课的收获

我学到的知识有哪些？ _____

我得到的锻炼有哪些？ _____

10

《土壤的成分》（第一课时）教学设计

一、学习任务

本节课选自浙教版《科学》教材第四章第1节第一课时，教材以土壤中有生物，生物生存需要空气、水、有机物和无机盐为线索，从土壤生物的调查开始，通过一系列实验引导学生认识土壤中的生物与非生物。教材设计的实验为学生提供"从做中学"的机会，先易后难地引导学生对土壤的组成进行循序渐进的认识。本节课知识点较为简单，更注重探究过程，注重实验测量与分析问题解决问题的能力培养，教师需对教材进行处理，注重科学方法与能力的培养，注重学生思维方式与发散的锻炼。

二、学情分析

授课对象是815班，在知识上，他们在小学时已经学过土壤的成分，生活中对土壤生物和非生物也有一定的感性认识；在思维能力上，初二年级的学生具有一定的独立思考能力和实验设计能力，能通过小组讨论设计较完整的实验方案；在实验操作上，他们能正确使用实验器材完成体积读数、酒精灯灼烧土壤等实验，但是学生对于实验设计、实验操作和分析实验中的问题，以及解决问题的能力欠缺，思维不够发散与丰富，需要教师的引导。

三、教学目标

（1）观察土壤样本，记录观察现象，归类并理解土壤的成分；

（2）深入研究并测量土壤中氧气、水的含量，在实验过程中培养学生发现问题、解决问题的能力；

（3）通过实验激发学生学习科学的兴趣，唤醒分析思考的意识；通过小组实验培养团队意识、增进合作效率。

四、教学重点难点

（1）重点：测量土壤中空气、水的体积分数。
（2）难点：实验设计与完善。

五、教学过程

教学过程如表1所示。

表1　教学过程表

教学环节	教师	学生	设计意图
引入	师：同学们，繁花似锦的环境令人心情愉悦，而能亲手栽花种草改善环境可比花钱购买牛气多了。 为给"美丽校园我种植"项目配制一份适合花卉生长的土壤，请同学们根据自身探究成果，撰写一份土壤成分的研究报告。		为本节课学习制定一个项目化目标。 【主板书】 §4.1土壤
观察土壤，认识成分	任务一： 仔细观察土壤，将观察到的现象记录在学案。	观察土壤，我看到了：小石子、烂叶、烂树枝、深褐色、空洞、蚯蚓、根、草根、白色小虫、湿漉漉……	简单直接提出任务，培养学生观察能力和分析归纳能力。

续表

教学环节	教师	学生	设计意图
观察土壤，认识成分	追问1： 根据土壤中所观察到的现象，说明土壤的成分可以分为哪几类？	土壤生物、空气、水、有机物、无机盐（非生命物质）	板书： 土壤的成分：土壤生物；非生命物质——空气、水、有机物、无机盐
观察土壤，认识成分	追问2： 生活中还有哪些现象能证明土壤中含有这些成分？	下雨后雨水渗入土中、井水（有水）；小虫、蚯蚓能生存，扔到水中冒气泡（有空气）；动物排泄物、尸体、植物残枝落叶（含有机物）。 钱塘江边井水咸（有无机盐），玩过泥巴要洗手（有细菌）……	让学生自主寻找生活中的事例补充说明土壤的成分，一则应用知识分析现实问题；二则引导学生深度理解知识。
测量土壤中空气的含量	师：以上观察和结论属于科学学习的小学阶段，接下来进入科学学习的初中阶段——研究土壤中各成分的含量，如空气。 任务二：测量土壤中空气的含量。 （引导： 用什么量来反映土壤中总空气的含量更合适？ 质量？体积？还是别的…… 类似这种含量我们学过什么？）	类似有： 溶液中溶质的质量分数；空气中氧气的体积分数。 生：土壤中空气的体积分数。	设计任务，培养学生从问题出发、分析问题、解决问题的科学思维方式。
	追问1： 测量土壤中空气的体积分数需要测什么量？怎么测？	生：测$V_土$、$V_{空气}$ 测$V_土$，在选定规则土块对象后很容易； 测$V_{空气}$有难度……	根据土壤中空气的体积分数：$(V_{空气}/V_土)\times100\%$分析实验，层层深入、先易后难地测量各量。

续表

教学环节	教师	学生	设计意图
测量土壤中空气的含量	学生设计实验方案。 引导： 无思路的同学，理解教材第130页实验方案，并在学案上用简图绘制实验主要过程。	有思路的学生设计实验方案； 无思路的同学理解教材上方案。	让不同层次的学生对实验方案有不同的理解，因材施教地提升实验设计能力。
	追问2： 测量土壤中空气的体积较难，不妨让我们借助模型来分析。 （展示一个实心金属块、一个带孔的金属块，让学生选择土壤模型，借助模型设计方案）	学生将实验方案用简图配文字记录在学案纸上，再介绍。	借助模型引导学生抓住问题的主要矛盾，分析问题、解决问题。
	实验： 根据统一思想后的实验方案开展实验，并分析实验。 进一步改进： 容器中装满土壤，直接用量筒往土中滴水，测量水加满时的体积，即为土中空气体积。	学生分析实验中的问题——土壤散了，改进实验方案——用容器固定土壤。	让学生在实验的具体实践中，提出问题、分析问题，不断完善实验方案，进而解决问题。
	小结： 实验设计，需要根据实际问题有针对性地解决这些问题。		总结实验设计、操作、结果，更要总结解决问题的科学思维过程。

续表

教学环节	教师	学生	设计意图
测量土壤中水的体积分数	任务三： 测量土壤中水的体积分数。	学生思考并明确需要直接测量哪些量？ ——确定研究对象（土块）；根据（$V_水/V_土$）×100%，测量$V_土$，测量$V_水$。	因有之前类似的测量"土壤中空气的体积分数"，研究土壤中水含量只要直接提出问题即可。
	追问： 设计实验测量土壤中$V_水$。	学生设计实验方案并交流。 ——将水挤出来再测体积； 将水蒸发，收集后测水体积； 将水蒸发，测量蒸发前后试管和土壤整体质量差，再计算得到水的体积。	学生提出不同方案，一方面指导后续实验的具体测量；另一方面便于在具体实践中评价辨析方案的优劣，培养学生高阶思维。
	实验验证、并选取适合的方案。	学生进行实验，并分析方案的可行性。	开展实验、评价。
	小结： 实验设计，需要根据实际问题有针对性地解决这些问题。		总结实验设计、操作、结果，更要总结解决问题的科学思维过程。
总结	根据你的探究，给土壤的成分做一个简短的研究报告。		与课堂开头的驱动性问题相呼应，完成课堂教学的总结。

《物质的导电性》教学设计

一、教学分析

学生在日常生活和学习中已经对常见物质的导电性有所认识，只是缺乏系统性，此知识点在教学中应该避免只知道哪些是导体、哪些是绝缘体，而应将培养学生的思维方式和实验操作能力放在第一位。由于之前没有学过物质内部结构，学生对理解导体导电原理有所困难，本教学设计中通过用传书这个学生活动来模拟导体导电，力求通过形象直观的活动理解导体导电的本质，同时由此活动引出导体电阻的成因和概念，并介绍电阻的相关知识。力求通过通俗易懂的方法，依靠学生自身的思维能力学好抽象性知识。

二、教学目标

知识与技能：

（1）知道常见的导体、绝缘体和半导体；并了解导体的导电能力与外界条件有关；

（2）知道为什么金属导体能导电；

（3）理解电阻概念，知道电阻的单位。

过程与方法：

（1）能通过已有知识，设计检验物质能否导电的电路图；

（2）能根据电路图完成电学实验；

（3）能通过仔细观察，分析实验现象，总结结论。

情感态度与价值观：

（1）使学生能通过设计检验物质能否导电的电路图，提高逻辑思维能力和探究能力；

（2）让学生能在实验中学习合作与交流，体验探究成功的乐趣，激发参与学习活动的主动性；

（3）通过活动和实验，让学生体验如同科学家般的思维方式。

三、教学难点重点

（1）难点：知道导体导电原因并理解电阻概念。

（2）重点：自主探究如何根据导电能力对物质进行分类。

四、教学设计说明

根据以上分析，本课时在教学设计上将能力培养和情感体验融入知识学习，以不同的手段实现教学目标。对于将物质根据导电能力进行分类，教学过程中要充分调动学生的潜能，设置问题让学生自己思考设计实验电路及实验操作，并准备一个过渡性问题，使学生能在遇到困难时降低难度完成任务；而对于导电原理及电阻的理解中，通过一个传书的学生活动，让知识的理解更加简单清晰，削减理解难度，强化学生知识的掌握力度，同时以此活动帮助学生形象地理解电阻。

在教学活动中力求积极落实新课程的三维教学目标，充分发挥学生的主体性，以学生活动、学生动手实验为课堂教学的主要教学手段，努力在科学课堂上创设一个轻松活泼的教学环境；学生的实验设计遵循循序渐进的原则，力求培养学生正确思考问题的方式方法；通过学习小组的合作实验，加强同学间合作和交流，最大限度调动学生的积极性和创造力，实现新课标下学生自主学习的最佳效果，最终实现"教是为了不要教"的目的。

五、教学过程

教学过程如表1所示。

表1　教学过程表

教学环节	师生互动	设计意图
导 入	〖课件展示〗：霓虹灯点缀下多彩的夜景。 师：同学们，当今社会已经离不开电，正是因为有了电我们才能享受如此美丽的夜景，在享受电给我们带来的便利的同时，也有人因为用电不当，结果触电身亡。 如果现在有人接触电线被电倒，我们第一步该怎样办？ 生：用木棒将电线挑开。 〖课件展示〗：当人接触电线被电倒后，我们第一步该怎样办？ 现在他身边有以下几根长棒，我们应该选用哪根长棒挑开电线？ A.铜棒；B.锌棒；C.铁棒；D.铝合金棒；E.塑料棒；F.橡胶棒；G.玻璃棒；H.碳棒；I.陶瓷棒；J.镍铬合金棒。 师：如果触电者身边有如下材料制成的棒，唯独没有干木棒。你会选择哪种材料的棒？哪种棒是你绝对不会选的？为什么？ 生：选塑料棒，不选铁棒。因为铁棒导电，而塑料棒不导电。（例如） 师：今天我们就要学习物质的导电性。	以电在美丽夜景中的重要地位作为话题的引子。 以触电事故的紧急处理中，挑开电线所用棒的选用原则作为本课教学的引入，充分利用学生已有科普知识，以此为基础设置"哪些棒能用来挑开电线？"一问，引导学生不断深入分析，并探究物质导电性验证等新问题，最大限度地调动学生自主思考学习的积极性，增强学生继续学习、深入分析的动力，增进学生对新知识的亲切感，激发学习兴趣。 同时在此处设置一个疑问作为悬念，激发学生学习本节内容的兴趣。

续表

教学环节	师生互动	设计意图
新授课	一、导体、绝缘体和半导体 1.设计验证物质导电能力 师：要判断物质是否能导电，我们先思考两个问题。	本课时教学分为三个阶段，第一阶段学生自主动手探究"导体、绝缘体和半导体"。
新授课	问题①：在什么情况下电路中会产生电流？ 生：通路状态下。 师：电流不像水流，看不见摸不着。 问题②：如何判断电路中有电流存在？即，用什么方法可以显示或说明电路中有电流通过？ （主要引导学生用最常见的用电器——电灯显示电流的存在） 师：既然大家已经知道电流的产生和显示方式，下面请大家完成任务a。 〖课件展示〗： 任务a：请在草稿纸上设计一个简单的电路图，要求可以通过直接观察，判断电路中有无电流存在。 （学生画电路图，教师及时下去辅导纠正错误之处，再通过多媒体统一答案） 师：下面请大家完成任务b。 〖课件展示〗： 任务b：如果想检测物质的导电能力，请你以刚才电路为基础，设计一个新的电路。 （学生画电路图，教师及时下去辅导纠正错误之处，再通过多媒体统一答案）	在培养学生科学探究能力和科学探究兴趣的过程中，如何探究导体、绝缘体、半导体三类物体，看教材提供的实验电路图绝不是一个好主意。如何让学生能利用已有知识不看教材设计实验，并原创相关实验电路才是最好的。 本着放手让学生自主开展探究活动的初衷，可以准备两套方案，方案一是直接让学生设计能验证某物质是否能导电的实验电路图；方案二，如果发现学生有困难可按照左侧所写，将问题分解为两个任务，适当降低难度，同时尽可能地保留学生自主探究的机会。

续表

教学环节	师生互动	设计意图
新授课	〖课件展示〗： 2.师：下面请大家以刚才设计原理为基础，连接电路并通过实验验证屏幕上各物质是否能导电。 〖课件展示〗： 通过实验验证下列哪些容易导电，哪些不易导电： 铜块、铁块、铝块、木条、塑料尺、碳棒、粉笔、橡胶、硬币、玻璃、陶瓷、干燥空气…… （学生以小组为单位，合作完成电路图的连接和各物质是否导电的验证，教师及时纠正学生各种错误之处） 以小组为单位总结整理出哪些是导体、哪些是绝缘体，并派一个学生汇报实验结果。 3.师：以上两类物质是根据什么进行分类的？ 生：根据物质的导电能力进行分类。 师：自然界中，还有一类物质，其导电能力介于导体和绝缘体之间。这类物质被称为"半导体"。 4.练习（解决本课刚开始时设置的疑问）： 当人接触电线被电倒后，我们第一步该怎样办？	这一实验环节务必将主动权交给学生。让学生在实验动手中培养科学素养和能力。教师可在小组间轮流查看并不时提出适当的纠正或提供必要的帮助。 关于半导体的导电能力，由于各种条件的限制，可以适当地略讲，这里采用教师直接介绍的方法。 承前启后，及时回答本课刚开始时设置的问题，让学生感受到科学探究能及时解决某些现实意义；同时进一步提问——玻璃棒是否在任何情况下都是绝缘安全的（此为本练习的启后功能）。 实验创新设计：为使实验效果更加明显，用灵敏电流计代替原电路中的灯，用灯芯代替原本应该接入电路的一段玻璃。

续表

教学环节	师生互动	设计意图
新授课	现在他身边有以下几根长棒，我们应该选用哪根长棒挑开电线？ A.铜棒；B.锌棒；C.铁棒；D.铝合金棒；E.塑料棒；F.橡胶棒；G.玻璃棒；H.碳棒；I.陶瓷棒；J.镍铬合金棒。 5.教师演示"烧红玻璃能导电"实验。 实验总结，得出：普通的玻璃是绝缘体，烧红后的玻璃是导体。 师：除了以上两例，干燥空气是绝缘体，潮湿高压下的空气是导体。 总结得出： 导体与绝缘体不是绝对的，有些绝缘体在条件改变时会变成导体。 二、导体导电的原因 师：要想解释清楚这个问题，我们要先来看看物质的构成。研究表明，物质都是由原子构成的，而原子又是由原子核和核外电子构成的。 〖课件展示〗：原子内部结构图，并介绍原子内部核与电子之间的情况。 **原子核** **核外电子** 为更好地解释导体导电的原理，请学生参与一项活动，演示导体如何形成电流。具体操作如下： 一个小组模拟一段导体 人　模拟原子核 书　模拟电子 图书馆的书　模拟自由电子 教师命令　模拟电源作用	原子内部的结构是解释电子定向移动产生电流的基础，但该知识学习安排在下一册，所以这里就需要先简单介绍一下原子内部结构。为了能在最短时间里更好地解释这个知识，设计了一个类比，以期通过类比和之后的游戏活动来强化降低学习难度，更好地理解相关知识。

续表

教学环节	师生互动	设计意图
	通过演示实验，使学生能够清晰感受到在老师命令下，一个小组成员将书依次往前传递，传递的书就形成了明显的书流，这就恰如其分地演示了导体中形成的电流。 相反，另外某一组由于几乎没有图书馆的书，很难像刚才扮演导体的那组形成明显的书流，这就是因为绝缘体几乎没有自由移动的电子，难形成电流。 〖课件展示〗：金属导体因内部有大量自由移动的电子，所以能导电。 在教师的协调下，让白色五角星所代表的学生沿顺时针方向传递图书馆的书。 ☆☆　☆☆　☆☆　☆☆ ☆☆　☆☆　☆☆　☆☆ ☆☆　★★　★★　☆☆ ☆☆　★★　★★　☆☆ ☆☆　★★　★★　☆☆ ☆☆　★★　★★　☆☆ ☆☆　☆☆　☆☆　☆☆ ☆☆　☆☆　☆☆　☆☆ 三、电阻 老师以活动中局部位置传书受到阻滞为突破口，类比介绍电流在流动过程中也有类似的阻碍，叫作"电阻"。	创造性的设计学生传书活动来模拟电流，力求通过简单形象的方法介绍为什么导体能导电，绝缘体不能导体。 在以上活动过程中紧紧抓住活动中由于部分同学传递得不是非常迅捷，导致传递中有部分不畅通的细节，由此类比电路中有些部位的导体对电流有阻碍，引出"电阻"这个知识点。 本部分知识中，学生对于新的物理量电阻的相关知识易混淆，应将其和熟悉的物理量重力相类比，加强对相关知识的理解。 如： 重力—G—牛顿—N（单位的符号） 电阻—R—欧姆—Ω（单位的符号）

续表

教学环节	师生互动	设计意图
	〖课件展示〗: ⅰ）电阻是导体对电流的阻碍作用，是反映导电能力的强弱的物理量。 ⅱ）导体对电流的阻碍作用越强，电阻就越大。 ⅲ）单位:欧姆（欧），Ω 1兆欧（$M\Omega$）103千欧（$k\Omega$）=106欧（Ω）	
结课	总结以小组为单位，先让每个学生自己在导学案上整理本节知识的提纲及部分知识细节，然后再小组交流补充，最后派一个小组的代表上台展示介绍。	课堂总结交由学生完成，一则更好地培养锻炼学生;二则便于老师能从学生的总结中看出本节课的教学目标完成情况。
作业设计	作业本A《第3节 物质的导电性》	布置的作业中，第1—10题为基础性习题，第11题为知识的简单应用，而第12题为探究性问题。
板书设计	一、物质的分类 导体——容易导电的物体。 半导体——导电能力介于导体和绝缘体之间的一类物质。 绝缘体——不容易导电的物体。 二、金属导体因内部有大量自由移动的电子，所以能导电。 三、电阻:电阻是导体对电流的阻碍作用，是反映导电能力的强弱的物理量。 单位:欧姆（欧），Ω 1兆欧（$M\Omega$）=103千欧（$k\Omega$）=106欧（Ω）	板书以简练、条理清晰为重点，要让学生看了板书能最大限度地理清本节课的知识条理，强化学习效果。

《体内物质的运输》教学设计

一、教材分析

1.内容特点

本课时所在的九年级（上）第四章主要介绍人体各系统的结构特点及其功能，较全面地展现人体内如何进行新陈代谢，完成自身的生命活动。本教案为该章第3节的第二课时，主要讲述人体的血液循环系统构成和结构特点、血液循环如何进行及血液循环系统一些相关的简单医学常识。人体在生命活动中需从外界获取食物和氧气，食物中的营养物质和氧气被人体吸收后，经血液循环系统才能运送到全身各处的组织细胞中被细胞利用，组织细胞产生的二氧化碳和其他废物，也要经血液循环系统才能运离细胞，内分泌系统分泌的激素又要经血液循环系统才能运送到全身相应部位方能起到调节作用，可见血液循环系统在新陈代谢中起到连接枢纽的重要作用。故在本教学教案设计时，知识技能的教学目标不仅要注重本节的新知识，还要体现与其相关知识的延伸综合应用。

2.教学目标

知识和技能：

（1）掌握血管、心脏的结构和功能；

（2）理解血液循环的途径、意义；

（3）知道心率、血压和脉搏。

过程、方法和能力：

（1）通过观察分析血液循环的过程，培养学生观察能力，综合分析问题能力；

（2）通过教师引导，培养学生自主复习能力；

（3）通过实际问题的考察，培养学生理论联系实际的能力。

情感、态度和价值观：

（1）通过对课堂学习目标的共同探索，增强学生的合作精神；

（2）联系实际，鼓励学生通过分析得出答案，激发学生学习的积极性；

（3）鼓励学生勤思考，做到学以致用。

3.教学重点难点

（1）如何加强学生对知识的理解，避免对知识的死记硬背，如心脏、血管的结构特点对血液循环的意义；

（2）如何培养学生分析解决各种相关问题的能力，如血液循环途径及其在医学中的运用；

（3）如何引导学生全面系统地从多角度分析问题，如各系统相对独立工作的局部性和人体内各系统协调统一工作的整体性问题等。

二、学情分析

学生通过前面的学习，已经知道了人体内物质的运输主要靠血液循环系统来完成，知道血液循环系统的组成、血液的结构特点和功能，以及物质在血液中运输的形式。所以，本节课就是把这些知识综合在一起，把零散的知识点串联起来，让学生对血液循环系统形成一个完整的、清晰的认识。同时血管和心脏都具有各自的结构和生理功能，是相对独立的知识点，但它们共同构成了整个血液循环系统，这种局部和整体的概念对于学生的理解来说有一定难度。正是基于此，本教案在设计上要能充分运用学生已有的知识点，培养学生发现问题、分析问题和解决问题的能力；利用现实生活中简单易得的仪器工具，创新性地设计一些模拟实验，帮助学生更加深刻地理解知识；引导学生积极思考，并通过相互交流合作，培养其拓展思维和合作精神，进而形成珍爱生命、不断探索等观念。

三、设计思路

1.设计理念

本教案在设计时坚持学生主体作用和教师引导作用的有机结合，利用各种教学手段，遵循循序渐进的理念，运用最近发展区等教学理论，充分发掘日常生活中各种仪器的潜能，设计创新性的模拟实验，有效降低学生理解的难度，从"心脏血管"和"血液循环"两个方面，各5个小点全面展开，用清晰的条理，层层递进的逻辑，顺利地完成教学目标，提升教学质量。

2.教法运用

根据教材特点以及八年级学生年龄特点，采取启发式教学法、探究实验法、问题讨论法相结合的教学方法。

3.学法指导

在教师的适当引导和规划下，充分发掘学生自主学习，积极实施科学探究，有效开展组内合作学习，实现教学目标。

四、教学资源

（1）器材准备。
（2）自制教具：儿童水枪的储水囊、长橡胶软管。

五、授课过程

授课过程如表1所示。

表1　授课过程表

教学环节	师生互动	设计意图
导入	通过PPT展示一份体检报告，先让学生分析其中的验血报告，复习上一节课中血细胞知识，再查看报告中血压、窦性心律的检查结果，并用如下的设问"体检报告中的血压指什么？心电图检查结果为窦性心律是否健康？如果你很想知道这些，那你得认真听讲、积极思考，'真相只有一个'而且必将在最后才被揭晓"，从而自然地引出本课时第一个教学任务点——心脏和血管。	用学生生活中常见的体检报告对上一课时作简要的复习，再以此为依据直截了当地引出本课时所要学习的内容，同时用设问、引用《名侦探柯南》经典语录等方式最大限度地激发、调动广大学生的学习兴趣。
新授	一、血管和心脏 1.血液循环系统的组成 在黑板上简单地画出一幅示意图，初步模拟心脏血管，说明心脏的功能像水泵一样将血液泵入血管流向全身。血管的功能是将血液运输到全身各组织器官，再将全身各处的血液回流到心脏。然后根据血管将血液从心脏运向全身、从全身运向心脏以及在全身连接动脉和静脉这三大功能，将其分成：动脉、静脉、毛细血管。 2.设计实验模拟心脏血管功能并分析动脉、静脉特点 用可压缩变形的塑料水袋和橡胶软管模拟心脏和血管，然后进行模拟实验模拟心脏将血液沿血管进行运输的生理现象，再告诉其信息（人体的每一个结构已经进化得能非常好地完成其功能），进而让学生通过模拟实验和信息猜测三种血管有怎样的结构特点，最后展示人体血管的实物解剖图。 同时通过学生对模拟实验的观察，简单清晰地解决"血压是什么"的疑问。	在黑板上按框架图形式板书血液循环系统的构成及其功能，同时在黑板角落画出心脏血管的粗略示意图。此部分内容较简单以识记为主。通过框架图的形式能帮助学生理清知识，便于其更好地掌握。另外，为降低学生学习的难度，应遵循循序渐进原则，心脏血管示意图不必将心脏内部腔室及两条循环路线都画出，只要能反映血管功能即可。 模拟实验前要求橡胶软管越长越好，实验中要求塑料水袋和橡胶软管密封连接且灌满水。在实验中老师用手压水袋模拟心脏收缩时，让学生双手分别触摸软管上距离水袋近和远的两点，感受水对软管壁的压强。此法用实验室现有的器材创造性地设计模拟实验，将看不见的血液循环的大致原理清楚地展现在学生眼前，加深学生的理解，同时还能充分调动学生的积极性，根据模拟实验主动猜测动脉血管、静脉血管的结构特点，期间老师再做一些适当指点必使学生对知识的理解清晰、准确、深刻。

续表

教学环节	师生互动	设计意图
新授	3.介绍毛细血管的结构特点 师：我们人体内连接小动脉和小静脉的毛细血管，具有管壁极薄、管径极细，一般只允许红细胞排成单行通过的特点。请同学们好好思考一下，分布于全身的毛细血管的这些结构特点有利于完成哪些生理功能？ 生答： 4.血液在小动脉、小静脉和毛细血管中的流动方向 请学生根据所学知识回答血液的流动方向，再用视频展示血液的流动方向，然后请学生在图上鉴别哪是小动脉、哪是小静脉？ 5.介绍人体如何保证血流方向始终如一 师：人体内的心脏血管组成了一个密闭的循环道路，又是如何保证其内血液始终沿着同一方向流动呢？ 展示实验用的活塞式抽水机，分析它是如何保证抽上来的水不会再次给压下去。引导学生找到关键部位——底部水进入的单向门，以此类比瓣膜，然后介绍静脉血管有静脉瓣，心脏内部有动脉瓣，并介绍静脉瓣和动脉瓣都起到控制血流方向的功能。	学习动脉、静脉特点时，根据模拟实验猜测其应该具有什么特点，再用实物图指明其准确的特点；学习毛细血管时，则改为直接告诉其特点，再根据结构特点分析推断其可能达到的生理目的。采用一正一反两种相反的思维方式，有利于锻炼学生的思维，培养学生分析问题的能力。 教学中采用分析、类比等方法，使学生能简单直观地理解瓣膜的功能，并培养学生学会如何融会贯通前后知识点、如何在今后的学习、工作中研究分析新问题的方法和技能。 另外，在原来板书的基础上添加各血管特点部分的板书。 通过介绍血液循环系统在科学上的发现史，最大限度地激发他们热爱科学、投身科学的勇气和激情，鼓励他们在平时学习中更加刻苦努力，从而培养学生正确的价值观、世界观。

续表

教学环节	师生互动	设计意图
新授	6.简单介绍血液循环系统的发现史 以教材第137页阅读材料为基础，介绍血液循环系统的发现史。 二、血液循环 1.心脏的结构 师：实际上我们的心脏并非一个只有一进一出的简单器官，经解剖发现，心脏有两个独立的区域，共四个腔室。下面我们根据图片一起来认识一下心脏的各腔室结构。 （用PPT展示教材第133页心脏结构的示意图，并进行各结构的介绍） 2.血液循环的途径 师：血液循环也比我们之前的猜想要复杂，为便于我们学习，科学家根据血液"装上"氧气、血液"卸下"氧气两个方面，将血液循环系统分为两部分——肺循环、体循环。下面就请同学们根据PPT上的展示，归纳肺循环和体循环的途径。同时板书血液循环的两部分 归纳之后给学生几分钟时间自己记忆循环路线图。 3.利用心脏解剖图（见教材第133页图4-25心脏结构）、血液循环模式图及其相关知识，综合全面分析问题 ①静脉内有静脉瓣，动脉内没有瓣膜，这一结构特点有利于什么？ ②比较心房和心室，哪个腔室壁的肌肉厚实，这个结构有利于什么？	依据循序渐进原则，学生在第一次学习新事物时要避免太复杂，故此处千万不能用实物解剖图，用示意图足矣，即教材第133页图4-26和图4-27。 第一次介绍两条循环路径，以PPT上第一幅血液循环图为宜，能更简单直观地向学生展示循环的路径，等学生基本掌握循环线路后再用教材第136页图4-34的血液循环模式图，准确详细地呈现血液循环路途。 在学生记忆时应给予时间让他们自己总结记忆方法，或给予机会让他们相互交流记忆方法，提升记忆效果。如心室都相连动脉；从右心室开始为肺循环，可简称为"右—肺"，用谐音"油费"记忆等。

续表

教学环节	师生互动	设计意图
新授	③比较左心室和右心室，哪个腔室壁的肌肉厚实，这个结构有利于什么？ ④猪心的结构和人心脏的结构一致，如果从肺静脉注水，水会从哪里流出心脏？ ⑤如果心脏的瓣膜缺损，会给血液循环带来什么影响？ ⑥流入左心室、左心房的血和流入右心室、右心房的血有什么区别？为什么会有这样的区别？ ⑦假如血液离开肺后直接流向身体的其他部位，而不流回心脏，会有什么后果？ ⑧教材第136页图4-34的血液循环模式图中，血液有红、绿两种示意，为什么这样表示？ 4.动脉血和静脉血 动脉血是指含氧量高的血，呈鲜红色；静脉血是指含氧量较低的血，呈暗红色。注意区别动脉和动脉血，两者之间没有必然的联系，如肺动脉里流的是静脉血。 5.心率 简介心脏通过有节律地收缩，将血液源源不断地沿血管泵向全身的过程。心脏每分钟跳动的次数即为心率。	通过最后一个问题，自然顺利地达到启下的效果，进入动脉血、静脉血的介绍。同时这种方法充分调动学生的主动性，激励他们自己去寻找事物的本质，进而提升思维的能力。 本部分教学上应该引导学生加强理解心率、脉搏、心房心室肌肉节律性收缩时间三者之间的联系，避免各知识点的零碎性给学生学习带来负担。 同时该知识点回答了本课开始时的疑问，实现首尾呼应。

续表

教学环节	师生互动	设计意图
结课	师：下面我们请同学按座位顺序依次说说你在本节课上都学了些什么？要求每位同学说一点，前面同学讲过的内容尽量不要重复。	以游戏的形式，让学生在轻松氛围下结束这节课。
作业	附一学案上的练习（表2）	
板书	一、血液循环系统 心脏 血管：动脉、静脉、毛细血管 二、血液循环 肺循环 右心室→肺动脉→肺部毛细血管→肺静脉→左心房 体循环 左心室→主动脉→全身毛细血管→上下腔静脉→右心房	

表2　体内物质的运输（学案）

NO	项目	结果	正常范围参考值	单位
1	白细胞计数	11.8	3.5—10	109/L
2	中性粒细胞计数	85	50—70	%
3	红细胞计数	3	3.5—5	1012/L
4	血红蛋白	80	110—150	g/L
5	血小板计数	210	100—300	109/L
6	淋巴细胞计数	2.1	0.7—4	109/L
7	血型	AB		

如果你是医生，你能从这张验血报告中读出什么信息？

思考：

1.图1是显微镜下观察到的小鱼尾鳍内部分血管的分枝情况，箭头代表血流方向，请根据图回答：

（1）图中A代表的血管是_____。

（2）图中B代表的血管是_____。

判断的依据是_____。

（3）图中C代表的血管是_____。

2.根据血液循环路途，分析思考以下问题：

（1）静脉内有静脉瓣，动脉内没有瓣膜有利于什么？

（2）比较心房和心室，哪个腔室壁的肌肉厚实，这个结构有利于什么？

（3）比较左心室和右心室，哪个腔室壁的肌肉厚实，这个结构有利于什么？

（4）猪心的结构和人心脏的结构一

图1　显微镜下小鱼尾鳍血管分枝

致，如果从肺静脉注水，水会从哪里流出心脏？

（5）如果心脏的瓣膜缺损，会给血液循环带来什么影响？

（6）流入左心室、左心房的血和流入右心室、右心房的血有什么区别？为什么会有这样的区别？

（7）假如血液离开肺后直接流向身体的其他部位，而不流回心脏，会有什么后果？

（8）《科学》九年级（上）第136页图4-34的血液循环模式图中，血液有红、绿两种示意，为什么这样表示？

《举手投足皆低碳》教学设计

一、课程分析

"低碳减排，绿色生活"已经成为时下一个全球关注的话题，在各种各样的媒体、商家广告等的大力宣传下，许多人对这个观点已经耳熟能详，但也存在很多未知，比如在日常生活中有哪些行动能实现节能减排；为什么一些看似和节能毫无关系的行为，在环保人士看来都是低碳生活的一部分（如少吃肉）；许多行为是如何消耗燃料的，减排空间有多大……本课程试图较系统地阐述什么是低碳减排，绿色生活；为什么要崇尚低碳减排绿色生活；我们在日常生活中有哪些行为符合低碳绿色生活的要求；最后号召同学们从小事出发，实现自己的低碳生活。

二、学生分析

很多中学生已经通过各种途径对"低碳减排，绿色生活"有了一定的认识，也知道一些"低碳减排，绿色生活"的行为。但却很少去思考为什么这些行为低碳，也没意识到这些行为从大局来讲意味着什么，更没有对这些低碳绿色行为有感性认识。因此本课程力求让学生自己发现问题，利用已有知识分析问题，再通过自己的调查、计算、实验，真真切切地感受低碳绿色生活的必要性，树立"低碳减排，绿色生活"的意识。

三、教学准备

课前将学生进行简单的分组，并做好以下几个方面的调查：

（1）当今社会面临哪些环境问题，为什么要号召大家"低碳减排，绿色生活"？

（2）在日常生活中有哪些行为符合"低碳减排，绿色生活"？为什么符合？这些行为能减排多少二氧化碳？（此部分要求学生调查工作详细、多收集资料）

（3）准备硫酸、硝酸、水、小鱼、温度计、二氧化碳等实验设备。

四、教学目标

知识与能力：

（1）了解哪些行为属于"低碳减排，绿色生活"；

（2）能利用已有知识分析低碳生活；

（3）根据分析能向他人解释为什么低碳，并向他们提出建议。

过程与方法：

通过课前调查，学生课堂自主设计实验，交流调查成果，共同分析低碳减排原因。让学生在老师的引导下，发挥学生的自主创新力，达到宣传"低碳减排，绿色生活"的目的。

情感态度与价值观：

通过本课程的学习，树立学生"低碳减排，绿色生活"意识，引导学生在日常生活中实践"低碳减排，绿色生活"，并能宣传好"低碳减排，绿色生活"。

五、教学流程

引入：先观看视频《迫在眉睫》。

当今社会，人们不仅摆脱了繁重体力劳动的禁锢，更享受着汽车、电灯、空调等带给我们的便利，而这所有的一切都是以消耗地球资源为代价的。自工业革命以来的几百年间，人类肆无忌惮地消耗着地球几十亿年积累的资源，大量煤、石油、天然气被从地下开采出来消耗掉。

据统计，以现在的消耗速度，全世界煤炭预计还可开采200年，石油预计还可开采30—40年，天然气预计还可开采60年。一方面是化石燃料面临耗尽的局面；另一方面是化石燃料使用释放出大量二氧化碳、一氧化碳、氮氧化物、硫氧化物……进而带来一系列环境问题。

【设计思路】 先用视频快速引起学生注意力，再次使他们正视地球的现状。

（1）请学生根据课前准备的资料，介绍化石燃料释放出的气体对环境的污染。（建议学生用材料、图片、实验来验证对环境的污染。教师准备好一些材料、实验器材，在学生讲解不完备时及时做些补充，具体见附件1学习素材一）

① 和太阳能、风能、水能相比，化石燃料燃烧会释放哪些物质影响环境；

② 燃烧释放出大量氮氧化物、硫氧化物如何形成的酸雨，如何污染环境；

③ 燃烧释放出的二氧化碳怎样造成温室效应和城市热岛现象（附件1学习素材二）。

（将硫酸和硝酸配置成一定浓度的酸液，经pH试纸测量后，用于养小鱼、小虾；观察鱼虾在不同酸液中存活的时间，以此来证明酸雨对鱼类的危害；请学生设计实验验证二氧化碳浓度增加导致气温上升）

【设计思路】 让学生通过调查结果的介绍鱼在酸性水中无法正常生活的实验，并设计实验验证二氧化碳使全球气温变暖的效应，从不同角度、多层次刺激学生心灵，使学生认识到"低碳减排，绿色生活"已经迫在眉睫。

（2）先人们将蔚蓝的天空、清澈的流水、清新的空气留给我们，我们也有义务将这些美好的景物留给子孙后代。然而现实却是人们的贪婪、放纵、不节制正一点点剥夺子孙后代生存的权利。保护环境应该不再仅仅是一句口号，而应成为我们实实在在的行动。"低碳减排，绿色生活"应成为我们的一种意识、一种态度，并用日常生活中的一些举手之劳来尽自己保护环境、保护地球之力。

①下面请学生根据自己在课前准备的材料，从吃的角度来简单介绍一下，哪些简单的行为就是在倡行低碳生活。

（注：学生介绍时要引导其分析为什么这个举动属于节能减排？查查这些举动

到底减排多少二氧化碳？算一算这些举动在中国推广会产生什么样的巨大效果？）

1）少喝瓶装水，多喝自带的开水（附件1学习素材三）；

2）同等条件下尽量选择本地食品；

3）在保证营养的前提下，少吃肉，多吃蔬菜（附件1学习素材四）；

4）每次加热或烹调的食品以不超过0.5千克为宜，最好切成小块，量多时应分时段加热，中间加以搅拌。

思考：

Ⅰ研究表明，每生产1升瓶装水，制作过程中至少需要17.5升的自来水，生产一瓶瓶装水的能耗相当于四分之一瓶石油，一瓶550毫升的瓶装水将产生44克的二氧化碳。中国目前已成为世界瓶装水消费的第三大国，2009年国人消费近1000万吨瓶装水，试计算国人喝瓶装水将排放多少二氧化碳？

Ⅱ请学生利用教室电脑现场查询有关资料，估算购买一瓶杭州产的西湖啤酒比购买一瓶哈尔滨产的哈尔滨啤酒能少向大气中排放多少二氧化碳？

②根据课前准备的材料，请学生从穿的方面进行分析，哪些行为符合低碳生活的标准？

1）衣服选择在太阳下晒干，而非一定要烘干；

2）按转速1680转/分（只适用涡轮式）脱水1分钟计算，脱水率可达55%，一般脱水不超过3分钟，再延长脱水时间则意义不大；

3）衣服多选棉质、亚麻和丝绸，不为追求虚荣而穿皮草。

思考：

Ⅰ现市场上有某型号的衣服烘干机，烘干功能开启时功率为800瓦，烘干衣服大约需要5分钟，按照中国人口1%的衣服进行烘干，每年平均烘干50次计算，全中国一年烘干衣服消耗多少电能？而中国电能中80%来自火力发电，一度电消耗标准煤342克，电网输电线路损失率6.55%，折算成标准煤，这些电一共消耗多少标准煤？标准煤中碳元素的质量分数为85%，则排放多少二氧化碳？

Ⅱ中国大陆大约有3.5亿户家庭，按照40%的家庭有洗衣机，其中20%的家庭天天用洗衣机为衣服脱水计算，如果脱水时间都由3分钟减为1分钟，问全国一年能减少耗煤多少吨？减排二氧化碳多少？

Ⅲ试分析为什么衣服选择棉质、亚麻和丝绸会更低碳，而不推荐皮草？

③根据课前准备的材料，请学生从住的方面进行分析，哪些行为符合低碳生活的标准？

先看视频《世博中心成节能建筑典范》，再由学生根据课前准备好的资料讨论：在我们的建筑中有哪些方法能做到节能减排，低碳生活？这些节能技术方案如果大面积的应用会产生多大的节能效果？

1）建筑上安装太阳能热水器；

2）建筑墙体增加室内自然采光和保暖设计；

3）有条件的地区，城市建筑顶部多用太阳能发电；

4）部分建筑外墙和顶部种植植物。

思考：

Ⅰ每平方米的太阳能集热器可以节能150千克标准煤，减少温室气体排放400千克。如果每个家庭安装2平方米的太阳能热水器，便可以满足全年70%的生活热水需要。如果我国城乡有50%的家庭使用太阳能热水器，总的安装量就可以达到3.73亿平方米，相当于节能多少吨标准煤，减少温室气体排放多少吨？

Ⅱ如果全国所有的商场、会议中心等公共场所白天全部采用自然光照明，每年可以节约用电量约820亿度。即使其中只有10%做到这一点，每年仍可节电82亿度，相应减排二氧化碳多少吨？

④根据课前准备的材料，请学生从用的方面进行分析，哪些行为符合低碳生活的标准？

1）根据学生调查，讨论家里已经有哪些节能产品在用，从什么时候开始用的？

2）通过计算，分析这些产品已经为你们家节省多少钱；你们家已经通过这些产品减排多少碳？

3）今后一段时间里，你们家将要再添置哪些产品，你估算一下这些产品将为地球减排多少碳？为你们家省多少钱？你又将如何去说服你爸妈购买节能产品？

思考：

Ⅰ计算你家里的电灯一年将要耗电多少？如果全部换成同等亮度的节能灯，一年将为你们家省电多少？（表1）

表1　在照明亮度差不多时，三种灯的有关参数

品种	功率	寿命	价格
LED节能灯	2瓦	100000小时左右	40元左右
节能灯	9瓦	1000小时左右	15元左右
普通白炽灯	25瓦	500小时左右	1元左右

Ⅱ通过调查，你发现家里还可采取哪些行动，实现节能减排工作？并粗略估算一下能减排多少碳？

⑤根据课前准备的材料，请同学从行的方面进行分析，哪些行为符合低碳生活的标准？

1）出行少开车，多坐公交车；

2）短途出行尽量选择自行车；

3）家里购车时鼓励家人选购节能环保的汽车。

思考：

Ⅰ通过附件1学习素材五，计算你一年出行可能排放多少碳？

Ⅱ你可以通过哪些手段减排，减排多少碳？

Ⅲ今天学习了新课内容后，你准备怎么做来实现减排目标？

【设计思路】 利用课前调查，让学生从吃、穿、住、行、用五个方面向全班同学介绍哪些行为能够低碳减排，通过计算，感受哪些简单举动对节能减排具有重要意义，并通过调查、分析，引导学生从长远角度看待日常生活中低碳减排的举动，使其能在课后向他人宣传"低碳减排，绿色生活"。

（3）其实"低碳减排，绿色生活"非常简单，很多时候就是随手关个电灯、随手拧上水龙头这么简单。下面让我们看看生活中有哪些小小的举动都能为节能减排贡献自己的一份力量！具体见附件1学习素材六

【设计思路】 通过材料，向学生灌输"低碳减排，绿色生活"只是举手之劳的理念，号召大家今后通过自己简单的实际行动，为"低碳减排，绿色生活"做

出自己的贡献。

（4）总结

①让学生脱离材料，总结日常生活中有哪些行为是在节能减排，履行低碳生活。

②今后，你准备采取些什么行动实现自己的低碳生活？

附件1：

学习素材一：

酸雨通常是指表示酸碱度指数的pH值低于5.6的酸性降水。

经测定，酸雨成分中硫酸占60%、硝酸占32%、盐酸占6%，其余是碳酸和少量有机酸。大气中的二氧化硫和二氧化氮是形成酸雨的主要物质，其主要来源于煤和石油的燃烧，它们在空气中氧化剂的作用下形成溶解于水的各种酸。

酸雨危害是多方面的，包括对人体健康、生态系统和建筑设施都有直接和潜在的危害。酸雨可使儿童免疫功能下降，慢性咽炎、支气管哮喘发病率增加，同时可使老人眼部、呼吸道患病率增加。

酸雨还可使农作物大幅度减产，特别是小麦，在酸雨影响下，可减产13%—34%。大豆等蔬菜也容易受酸雨危害，导致蛋白质含量和产量下降。

酸雨可对森林产生很大危害。下酸雨时树叶会受到严重侵蚀，树木的生存受到严重危害，并且地面也会被酸化。在土壤中生长着许许多多的细菌生物，这些生物对植物的生长有着极为重要的作用。例如，在黑土里生长着种类与世界人口一样多的细菌。若土壤被酸雨侵蚀，除一小部分细菌外，土壤里面的大多数细菌都将无法存活。在加拿大和欧洲，有15%—60%的森林受到不同程度的酸雨侵蚀而大面积枯萎，若如此下去，在不久的将来，森林就将会部消失；再如重庆奉节县的降水pH值小于4.3的地段，20年生马尾松林的年平均生长量降低50%。此外，土壤中的营养成分被酸溶解后会流失掉，这也构成了对树木的危害。

酸雨能使湖泊河流酸化。据调查，美国纽约州阿第伦达克山区有51%湖泊的水呈酸性（pH<5），其中90%的湖泊里已经没有鱼类生存。瑞典一万个淡水湖中，有2000个湖里的鱼类和其他生物面临灭顶之灾。1974年降落在英格兰地面上的酸雨，其酸性比食醋还强，pH达2.4。

学习素材二：

温室效应是指，由于大气中的二氧化碳浓度增加，阻止地球热量的散失，从而产生大气气温升高的效应。

温室效应主要是由现代化工业社会过多燃烧煤、石油和天然气，大量排放尾气，这些燃料燃烧后放出大量的二氧化碳气体进入大气造成的。二氧化碳气体具有吸热和隔热的功能。它在大气中增多的结果是形成一种无形的"玻璃罩"，使太阳辐射到地球上的热量无法向外层空间发散，其结果是地球表面变热起来。

研究表明，全球平均增温1.0℃—3.5℃，两极地区就会升温6℃—8℃，这会造成两极和格陵兰的冰盖融化、海平面上升。北半球高纬度大陆的冻土带也会融化或变薄，引起大范围地区沼泽化。还有，海洋变暖后海水体积膨胀也会引起海平面升高。预计全球升温1.0℃—3.5℃，海平面上升约50厘米。全球海平面的上升将直接淹没人口密集、工农业发达的大陆沿海低地地区，部分低海拔岛屿将被淹没。

此外，研究结果还指出，二氧化碳增加不仅使全球变暖，还将造成全球大气环流调整和气候带向极地扩展。包括我国北方在内的中纬度地区降水将减少，加上升温使蒸发加大，因此气候将趋干旱化。大气环流的调整，除了中纬度干旱化之外，还可能造成世界其他地区气候异常和灾害。例如，低纬度台风强度将增强，台风源地将向北扩展等。

气温升高还会引起和加剧传染病流行等。以疟疾为例，过去5年中世界疟疾发病率已翻了两番，现在全世界每年约有5亿人得疟疾，其中200多万人死亡。美国科学家甚至发出警告，由于全球气温上升令北极冰层溶化，被冰封十几万年的史前致命病毒可能会重见天日，导致全球陷入疫症恐慌，人类生命受到严重威胁。

学习素材三：

随着人们生活水平的提高，瓶装水的销量每年以15%以上的速度递增，大量瓶装水被消耗，看似卫生便捷，实则如同人们在喝石油。研究调查发现，生产相同质量的瓶装饮用水、桶装饮用水及普通白开水的能耗比为1500：500：1，也就是说生产瓶装水、桶装水的二氧化碳排放量是普通白开水的1500倍和500倍。每生产1升瓶装水，制作过程中至少需要17.5升的自来水，生产一瓶瓶装水的能耗相当于四分之一瓶石油。光是生产瓶子，全球每年就需用掉约5000万桶原油，此外，瓶装水的运输也是一大能源杀手。人类喝水仿佛在喝石油一般。

调查组对某中学全体学生进行了调查，结果如下：在校时81%的学生以饮用桶装水为主，仍有13%的同学买瓶装水喝，这一现象在夏天时更为普遍。在家时桶装水在居民日常饮水中依旧占重要地位。以一所1500人的中学为例，全校约有47.8%的同学每天至少使用一瓶瓶装水，每天消耗塑料瓶717个，按每年在校200天计算，共约消耗塑料瓶14.34万个。从后勤部门了解到，学校平均每月需要购买40箱瓶装水用于各种会议使用，共计960瓶，每年按10个月计算，全年约消耗塑料瓶9600个。两项相加，全校每年要消耗塑料瓶15.3万个。每生产1个550毫升容量的塑料瓶，需要消耗5克标准煤，排放12.5克二氧化碳。由此算来，该校每年仅使用瓶装水一项，就要消耗标准煤765千克，排放二氧化碳1912.5千克。

调研学生建议：外出尽量携带水杯；水瓶重复使用，灌水外出。平时饮水还是喝白开水，安全又实惠。

学习素材四：

根据联合国粮食及农业组织（FAO）的研究，提供人类肉品的畜牧业贡献了大约18%的温室效应气体，比一般人想象的高很多。当然，这18%不完全是牛只或者猪只单独造成的，这包含了整个肉品生产与食物链的过程，包括砍伐林地来畜牧，还有运输农药，等等。而人类的交通运输只排放了13%的温室效应气体。

畜牧业目前占用地球30%的土地，其中大部分为牧场，也包括占全球可耕地33%的牲畜饲料生产用地，全球20%的牧场因过度放牧、土壤受侵蚀而退化。肉畜、乳畜占陆地动物生物总量约20%。据评估，在24项重要的生态系统服务功能中，有15项处于下降趋势，而畜牧业被认定是元凶之一。

不仅如此，肉食还与人类的多种疾病有关，如心脏病、高血压、胆结石、胆囊炎、癌症、帕金森综合症、肥胖、禽流感、疯牛病等。相反的，素食者往往显得年轻、健康。科学家也认为，少吃一点肉类，特别是猪肉、牛肉、羊肉等红肉，可以节能减碳。此外，肉类吃多了本来就会增加热量摄取，特别是肥肉，所以少吃一点肉，对减肥也有帮助。

研究显示，如果英国人把肉类摄取量减少一半，对环境的帮助还超过英国人把开车的时间减少一半（少吃1千克牛肉，就减少13千克的碳排放）。

因此，环保人士建议大家，在保证营养的情况下，少吃肉，多吃蔬菜。

学习素材五：

交通工具碳排放量比较

1.含碳燃料的排放量

开车造成CO_2排放的原因，主要是含碳燃料的燃烧，这些含碳燃料包括汽油、柴油、液化石油气（LPG）、液化天然气（LNG）等。他们每单位排放CO_2的量也不一样，依据IPCC提供的最新数据换算成我们常用的单位后（表附-1），柴油和LPG造成的排放量似乎较汽油略高。但是，这样的数据仅能表示使用相同容量（公升）时，柴油或LPG的排放量较高。如果，您是要比较每个月行驶相同公里数或油钱时，使用哪一种燃料的排放量较高，就还要考虑每辆车子的平均油耗（平均一公升可行驶的公里数，或称"能源使用效率"）、燃料价钱，以及每个驾驶者不同的驾驶习惯所造成的燃料用量。

表 附-1　常用车用燃料之二氧化碳排放系数

	温室气体排放系数（含CO_2、CH_4及N_2O排放）二氧化碳当量公斤（kg of CO_2e）/ 单位	
车用汽油	2.36	kg of CO_2e / L
柴油	2.77	kg of CO_2e/ L
液化石油气（LPG）	3.27	kg of CO_2e / kg
液化天然气（LNG）	2.33	kg of CO_2e / m^3

2.车子的温室气体排放量

每天上班使用机车或汽车，一个月所造成的排放量并不会相同。如果您能记录下来一个月所耗用的燃料量，就能依据表 附-1计算您因为车辆所造成的温室气体排放量。但如果您只记得一个月所行驶的公里数，或是耗费的油钱，我们就需要利用平均油耗以及油价来换算。

（1）以行驶公里数计算：

以每天上下班所驾驶汽车的里程数为30公里为例，以平均油耗为12km/L估算，每天所排放的温室气体约为5.9kg of CO_2e，平均一公里排放0.2kg of CO_2e。

（2）以花费的油钱计算：

以最近两个礼拜油价估算耗油约40公升，平均一个月约排放190kg of CO_2e。若骑摩托车上下班，一样30公里，以平均油耗为40km/L估算，每天所排放的温室气体约为1.8kg of CO_2e，平均一公里排放0.06kg of CO_2e。

不过，摩托车还有其他环境问题，无法只依据温室气体排放量就决定骑摩托车较好。

3.共乘与使用大众运输工具

共乘与使用大众运输工具，能减少汽车机车上路与燃料造成的温室气体排放量。

市区公车的排放量估算，我们以某400万人口的城市为例。交通统计资料中显示，1995年公车平均每日柴油用量为331千公升、每日平均营运车辆为3877辆、每班次平均载客数为23人、每车每日平均班次为19次、每车每日平均行驶公里数为181公里等，推算出每人每天每次搭公车需分摊的排放量约为0.5kg of CO_2e。如果以延人公里数计算，依据汽车客运业营运概况资料，1995年公车的延人公里数为6137978千人公里，平均每一旅客运距为8公里，平均每人每公里的温室气体排放量约为0.05kg of CO_2e。

4.与国际数据比较

英国Warwick University Carbon Footprint Project Group的碳足迹计算公式中，用来估算搭乘公车的排放系数是每人每公里0.03kg CO_2，略低于上述计算。而一般家用小客车，搜寻整理各国的计算公式，其所使用的系数，每公里排放量约为0.2kg CO_2，则与上述计算相近。不过，我们在计算温室气体排放量时，除了CO_2的排放量，也考虑到CH_4与N_2O的排放量，再整合为二氧化碳当量公斤。但国外的计算工具则未述明此资讯，无法判断是否也涵盖CH_4与N_2O的排放量。

5.正确的节能减碳驾驶方式

因为各种车辆的耗油量不相同，排放量也会有差异。但同一种车辆，也会因为驾驶习惯不同，导致耗油量不同，排放量也会不同。驾驶小客车时，只要注意几个小步骤，都能让您省油并减少温室气体排放量：

（1）减少后车厢内物品的载重，因为小客车每增加100公斤载重，耗油约增加3%。

（2）市区行驶时速为40公里～50公里，高速公路为90公里时最省油，因为高速行驶时速90公里较时速110公里省油20%。

（3）车子怠速空转、空调过分使用都会耗油，因此尽可能将车子停放在阴凉处，刚开车时可开窗先让车内热风散去，打开外循环系统，加速让热气排出去，再关窗开启空调。

（4）汽车定期维修、注意胎压、驾驶时等速行驶、勿急踩刹车、勿猛踩油门等皆可减少耗油。

学习素材六：

低碳生活49条准则：

（1）少用纸巾，重拾手帕，保护森林，低碳生活；

（2）每张纸都双面打印，相当于保留下半片原本将被砍掉的森林；

（3）随手关灯、关开关、拔插头，这是第一步，也是个人修养的表现；不坐电梯爬楼梯，省下大家的电，换自己的健康；

（4）绿化不仅是去郊区种树，在家种些花草一样可以，还无须开车；

（5）是的，一只塑料袋5毛钱，但它造成的污染可能是5毛钱的50倍；

（6）完美的浴室未必一定要有浴缸；已经安了，未必每次都要用；已经用了，请用积水来冲洗马桶；

（7）关掉不用的电脑程序，减少硬盘工作量，既省电也维护你的电脑；

（8）相比开车来说，骑自行车上下班的人一不担心油价涨，二不担心体重涨；

（9）没必要一进门就把全部照明打开，人类发明电灯至今不过130年，之前的几千年也过得好好的；

（10）考虑到坐公交为世界环境所做的贡献，至少可以抵消一部分开私家车带来的优越感；

（11）请相信，痴迷皮草那不过是一种反祖冲动；

（12）可以这么认为，气候变暖一部分是出于对过度使用空调、暖气的报复；

（13）尽量少使用一次性牙刷、一次性塑料袋、一次性水杯……因为制造他们所使用的石油也是一次性的；

（14）如果你知道西方一些海洋博物馆里展出中国生产的鱼翅罐头，还会有这么好的食欲吃鱼翅捞饭吗；

（15）未必红木和真皮才能体现居家品味，建议使用竹制家具，因为竹子比树木长得快；

（16）其实利用太阳能这种环保能源最简单的方式，就是尽量把工作放在白天做；

（17）过量肉食至少伤害三个：动物，你自己和地球；

（18）婚礼仪式不是你憋足28年劲甩出的面子，更不是家底积累的PK，如今简约、低碳才是甜蜜文明的附加值；

（19）认为把水龙头开到最大才能把蔬菜、盘碗洗得更干净，那只是心理作用；

（20）可以理直气壮地说，衣服攒够一桶再洗不是因为懒，而是为了节约水电；

（21）把一个孩子从婴儿期养到学龄前，花费确实不少，部分玩具、衣物、书籍用二手的就好；

（22）如果堵车的队伍太长，还是先熄了火，安心等会儿吧；

（23）定期检查轮胎气压，气量过低或过足都会增加油耗；

（24）定期清洗空调，不仅为了健康，还可以省不少电；

（25）一般的车用93#油就够了，盲目使用97#可能既费油，还伤发动机；

（26）跟老公交司机学习如何省油：少用急刹，把油门松了，靠惯性滑过去；

（27）有些人，尤其是女性，洗个澡用掉四五十升水，洁癖也不用这么夸张；

（28）科学地勤俭节约是优良传统，剩菜冷却后，用保鲜膜包好再送进冰箱，热气不仅增加冰箱做功，还会结霜，双重费电；

（29）其实空调外机都是按照防水要求设计的，给它穿外套，只会降低散热效果，当然费电；

（30）洗衣粉出泡多少与洗净能力之间无必然联系，而低泡洗衣粉可以比高泡洗衣粉少漂洗几次，省水、省电、省时间；

（31）洗衣机开强档比开弱档更省电，还能延长机器寿命；

（32）电视机在待机状态下耗电量一般为其开机功率的10%左右，这笔账算起来还真不太小；

（33）如果只用电脑听音乐，显示器可以调暗，或者干脆关掉；

（34）如果热水用得多，不妨让热水器始终通电保温，因为保温一天所用的电，比一箱凉水烧到相同温度还要低；

（35）洗干净同样一辆车，用桶盛水擦洗只是用水龙头冲洗用水量的1/8；

（36）可以把马桶水箱里的浮球调低2厘米，一年可以省下4立方水；

（37）建立节省档案，把每月消耗的水电煤气也记记账，做到心中有数；

（38）买电器看节能指标，这是最简单不过的方法了；

（39）实验证明，中火烧水最省气；

（40）10年前乱丢电池还可能是无知，现在就完全是不负责任了；

（41）随身常备筷子或勺子，已经是环保人士的一种标签；

（42）冰箱内存放食物的量以占容积的80%为宜，放得过多或过少，都费电；

（43）开短会也是一种节约——照明、空调、音响等；

（44）没事多出去走走，"宅"是很费电的；

（45）非必要的话，尽量买本地、当季产品，运输和包装常常比生产更耗能；

（46）植树为你排放的二氧化碳买单，排多少，吸多少；

（47）衣服多选棉质、亚麻和丝绸，不仅环保、时尚，而且优雅、耐穿；

（48）烘干真的很必要吗？还是多让你的衣服晒晒太阳吧；

（49）美国有统计表明：离婚之后的人均资源消耗量比离婚前高出42%～61%，让我们用婚姻保护地球吧！

附件2：

学生课前调查报告

班级：＿＿＿＿＿＿　姓名：＿＿＿＿＿＿＿＿

调查任务一：

当今社会面临哪些环境问题？为什么要号召大家"低碳减排，绿色生活"？

调查任务二：

在日常生活中，哪些行为符合"低碳减排，绿色生活"？为什么符合？